Die Fotos stammen von Manfred Buchinger, Elisabeth Fandler, Ernest Hauer, Eva Rossmann und Edith Walzl.

Lektorat: Eva-Maria Widmair

Grafisches Konzept und Umschlagfoto: Dall'O & Freunde
Scans: Graphic Line, Bozen
Druckvorbereitung: Dall'O & Freunde / Graphic Line, Bozen
Druck: Dipdruck, Bruneck

ISBN: 978-3-85256-358-9

www.folioverlag.com

Eva Rossmann

Mira kocht

Ein Mira-Valensky

Eva Rossmann

Mira kocht

Ein Mira-Valensky-Kochbuch

mit Bleistiftzeichnungen von Paul Thuile

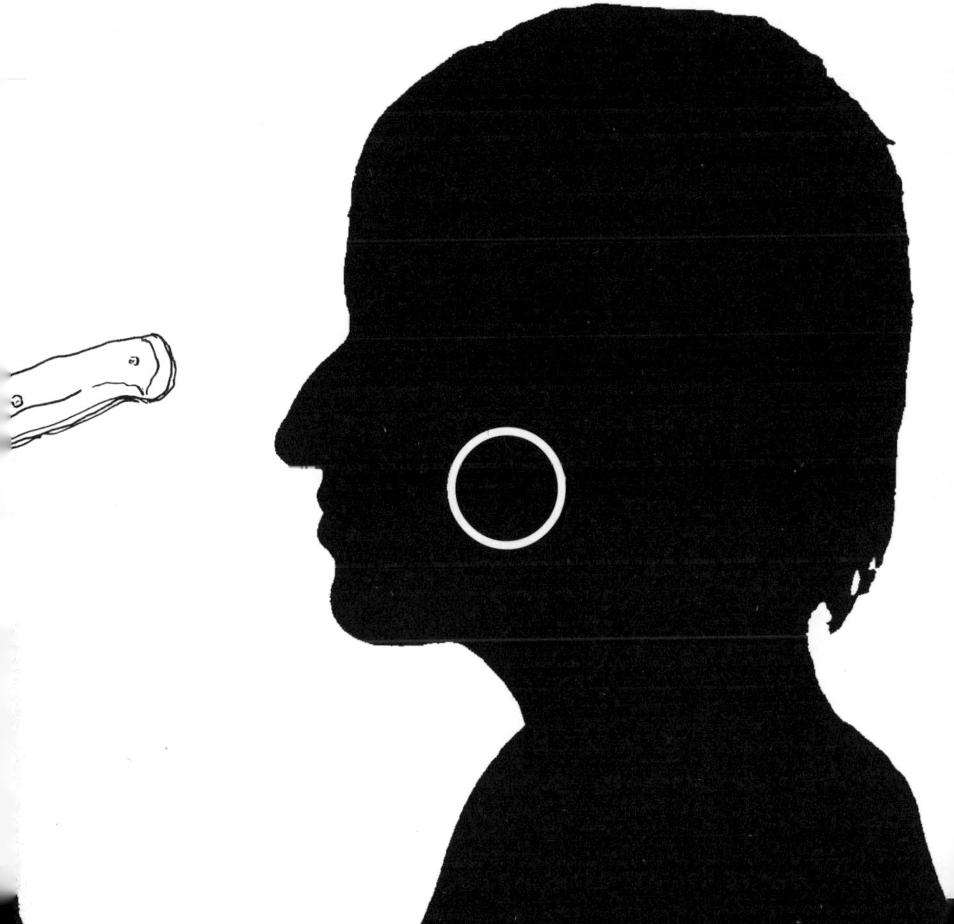

Folio Verlag

ISBN 978-3-8525

Gewidmet meiner Großsteinbach-Oma,
die zu all den Berufswechseln in meinem Leben gesagt hat:
„Köchin hätt's werden soll'n!"

Mira kocht

Mira Valensky kocht. Und sie denkt dabei über ihre Fälle nach, sie bekocht Freundinnen und Freunde, sie entspannt sich beim Kochen oder will einfach sich selbst verwöhnen. „Mit einer Hummerterrine fühle ich mich nie so allein wie mit einem alten Wurstbrot“, sagt sie im Krimi „Freudsche Verbrechen“.
Ich teile die Leidenschaft fürs Kochen und fürs Genießen mit meiner Krimihauptfigur. Sie „Heldin“ zu nennen, widerstrebt mir. Wir alle sind keine Heldinnen oder Helden, und manchmal sind wir es doch, und hin und wieder ist es viel besser, wenn man auf Heldinnenhaftigkeit verzichtet. Ich sehe meine Mira als Person mit guten und weniger guten Eigenschaften, als Frau, der man vielleicht tatsächlich begegnen könnte. Wie sehr ich ihr gleiche, werde ich immer wieder gefragt. Na ja. Mira hat sich von mir eine Menge biografischer Details ausgeborgt. Auch ich war Journalistin, auch ich habe in grauer Vorzeit das Studium der Rechtswissenschaften abgeschlossen und – nicht zu vergessen: Gemeinsam mit meinem Mann Ernest habe auch ich eine Katze, die Gismo heißt und so ist, dass man sie einfach nicht erfinden könnte. Ansonsten sind wir recht verschieden, wir könnten wohl gute Freundinnen sein. Und übrigens: Eine Putzfrau und Freundin wie ihre Vesna Krajner habe ich nicht, leider. Vielleicht ist die resolute gebürtige Bosnierin eine Art Wunschtraum von mir …
Ob Mira jemals wie ich Köchin werden wird? Was weiß ich, eher wohl nicht. Aber auch mir ist das mehr oder weniger passiert. Ich

wollte einen Restaurant-Krimi schreiben und mir war klar, dass ich dafür wissen musste, wie es in einer professionellen Küche zugeht. Also habe ich Manfred Buchinger – selbst Kochbuchautor, als Koch mit Hauben und Sternen ausgezeichnet, österreichischer Wirt des Jahres, vor allem aber unnachahmlicher Koch in seinem Gasthaus „Zur Alten Schule“, meinem unumstrittenen Lieblingslokal in heimischen Gegenden – gebeten, eine Zeit lang bei ihm mitkochen zu dürfen. „Als Gast bist du mir lieber“, war seine Antwort. Aber dank meiner Hartnäckigkeit und seiner Frau Renske hab ich es dann doch geschafft. Der Plan war: Ich recherchiere einige Monate, dann schreibe ich den Restaurantkrimi.

Den Roman „Ausgekocht“ gibt es jetzt schon seit geraumer Zeit. Und ich koche immer noch beim Buchinger. Es fasziniert mich. Und es ergänzt das manchmal doch recht einsame Schreiben perfekt. Außerdem: Wo sonst kann man so viele unterschiedliche Menschen kennenlernen wie in einem Gasthaus dieser Art? Inzwischen habe ich sogar die Lehrabschlussprüfung gemacht, einfach so, und ich bin stolz, mich nun Köchin nennen zu dürfen.

Doch gekocht wird in jedem meiner Kriminalromane. Was also lag näher, als endlich die Gerichte, erweitert um neue Lieblingsrezepte und Tipps aus meiner Küchenpraxis, zu einem Kochbuch zu sammeln?

Denen, die sich wundern, dass so wenig Süßspeisen vorkommen, muss ich noch eine Gemeinsamkeit von Mira und mir gestehen: Wir können beide nicht besonders gut backen. Meine Freundinnen Gerda, Maria und Romana haben nicht nur einmal darüber gekichert (sie backen nämlich wunderbar, und wer jemals ihre Weinviertler „Krapforl“ – das ist der Sammelname für die vielen Kleinbäckereien zu Weihnachten oder bei Hochzeiten – gekostet hat, weiß, wovon ich rede). Doch dann ist zum Glück Renate in mein Gasthausleben getreten, sie serviert nicht nur mit Grandezza, sondern kennt auch wunderbare Backrezepte, die tatsächlich ganz einfach sind. Sogar ich hab sie hinbekommen und gebe sie nun weiter.

Begleiten Sie mich in meine und Miras Kochlandschaften: das Veneto, das Weinviertel, nach Wien, nach New York, in die Karibik und nicht zuletzt in meine Kochwelt und damit auch in die weite Landschaft einer Restaurantküche.

Übrigens:

Wer findet, dass sich die Rezepte nicht immer geografisch genau zuordnen lassen, der hat recht. Ich hab sie zum Teil einfach nach Gefühl in die jeweilige Landschaft gestellt.

Und:

Es kann sein, dass sich ähnliche Zutaten öfter wiederfinden – why not? Zumindest in meinem Kühl- und Gefrierschrank gibt es eine beschränktc Grundausrüstung mit meinen Lieblingsprodukten, und aus denen bastle ich dann eben oft schnell etwas. Bei Mira ist das ähnlich.

Außerdem:

Lassen Sie sich inspirieren, aber nicht dirigieren. Machen Sie es wie Mira: Nehmen Sie auf, orientieren Sie sich an dem, was da ist, wandeln Sie ab, verwandeln Sie – und vor allem: Kochen ist weder Religion noch Wissenschaft, es darf auch einmal etwas danebengehen, was ist schon dabei? Lachen Sie darüber und freuen Sie sich an dem, was entsteht, was gelingt, was schmeckt …

Zuletzt:

Die Rezepte sind – wenn nicht anders angegeben – für 2 Personen berechnet.

IL GAZZETTINO

Osteria
MANUEL
Caffè

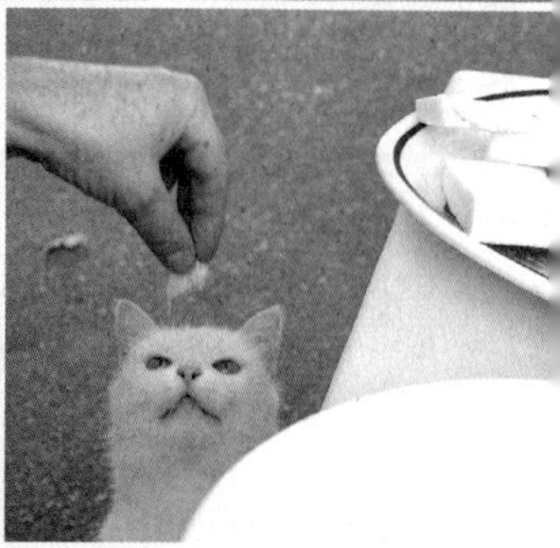

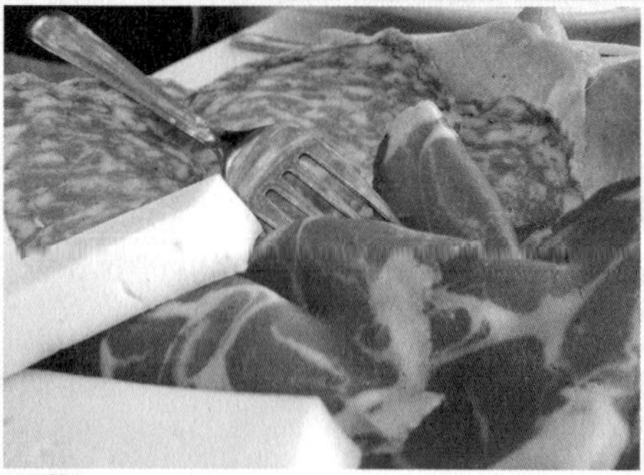

Das Veneto

Das Veneto ist Miras Sehnsuchtslandschaft. Sie träumt sich weg von Wien in den Süden, der gar nicht so weit entfernt ist. Landstrich zwischen Meer und Bergen, zwischen Venedig und Cortina. Dorthin, wo Gianni ihr am Nachmittag „Grande Spritz" serviert, diesen erfrischenden Drink mit viel Eis, Soda, Prosecco und einem guten Schuss Campari, und den es schon gab, lange bevor etwas Ähnliches, aber lange nicht so Inspirierendes mit Aperol zum Modegetränk wurde. Dorthin, wo sie bei Armando immer wieder über die Vielfalt der venetischen Küche staunen kann.

Armando und Gianni existieren tatsächlich. Der großartige Koch Armando Zanotto, der irgendwann in den 1960er-Jahren Italiens Jungkoch des Jahres war, in den 70er-Jahren Fernsehkoch und dessen Leidenschaft für Risotto, für Saucen mit Tintenfisch, für fein gefüllte Crespelle oder gehaltvolle Wildsaucen unübertreffbar ist. Nur wer ihn spät am Abend in seinem Lokal, dem „Tre Panoce", von Tisch zu Tisch hat gehen sehen, hat gemerkt, dass dem eindrucksvollen *padrone* bisweilen der Rücken wehtat. Seine Sorgfalt gilt auch den kleinen Dingen der venetischen Esskultur, etwa dem Brioche, das traditionell in der Früh in der Bar zum Kaffee gegessen wird. Erregt erzählte er mir, dass es in ganz Conegliano kein *brioche importante* mehr gebe. – Hat man je einen Österreicher darüber klagen gehört, dass es mit dem „wichtigen Kipferl" lange vorbei sei?

Es war ein echter Schock, als wir bei einem unserer letzten Venetobesuche plötzlich vor verschlossenen Türen standen: Unvorstellbar, aber Armando Zanotto ist auch nur ein Mensch und er war in Pension gegangen. Ein ganz großer Verlust, gelindert durch die Perspektive, jetzt wieder freie Abende zu haben, an denen wir nach neuen Lokalen, Gerichten und *padroni* würden Ausschau halten können. Ähnlich wie Mira werde ich also auch in Zukunft im kleinen Hotel von Gianni am Pool liegen, lesen, dösen – und wenn ich nicht dort bin, dann träume ich ein wenig davon. Und ich koche nach oder wandle ab, was ich im wunderbaren Hinterland von Venedig, fernab großer Tourismusströme, ganz nahe an den Proseccohügeln, zu genießen gelernt habe.

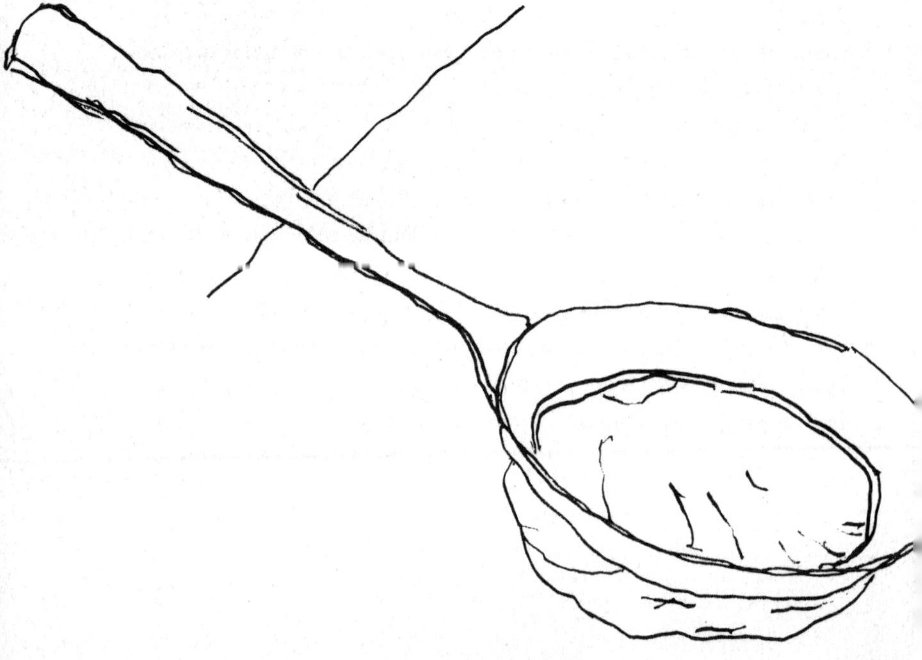

Zu Beginn ein Menü, das Mira schon im ersten Kriminalroman „Wahlkampf“ zubereitet. Auch wenn sie es mit Droch vor dessen Häuschen an der Donau genießt, ist es vom Veneto inspiriert. Und der Abend hat nicht nur wegen des Chardonnay Frizzante ein gewisses Prickeln …

Menü für Droch an der Donau

Geräucherte Gänsebrust auf Rucola
Zucchini Fantasia
Gnocchi mit frischen Paradeisern und Basilikum
Pappardelle mit Kaninchen-Salbei-Sauce
Wachteln mit Trüffelfülle
Dunkles Schokomousse

Geräucherte Gänsebrust auf Rucola

100 g geräucherte Gänsebrust, tiefgefroren
50 g Rucola
10 ml Zitronensaft
20 ml Olivenöl extra vergine
Salz, schwarzer Pfeffer aus der Mühle
Balsamico-Essig aus der Sprühflasche

Geräucherte Gänsebrust hat Mira fast immer vorrätig. Man bekommt sie nicht nur im Veneto, sondern auch in heimischen Feinkostläden. Sie friert sie ein, so hält sie lange und ist zudem viel besser zu schneiden. Rucola waschen, gut abtropfen lassen, auf großen Tellern anrichten und mit der Marinade beträufeln. Gänsebrust auf der Schneidemaschine oder mit einem scharfen Messer hauchdünn schneiden (sie ist so fett, dass das im gefrorenen Zustand wunderbar geht) und fächerartig über den Rucolasalat legen. Zum Schluss mit Balsamico besprühen.

Zucchini Fantasia

2 ganz junge Zucchini (ca. 10 cm lang)	10 g Butter
zarte Zucchiniblüten	20 ml Olivenöl
1 reife Bio-Zitrone	Salz, schwarzer Pfeffer aus der Mühle

Die beiden Zucchini der Länge nach in hauchdünne Streifen schneiden (2 mm) und auf zwei Teller verteilen. Mit etwas Zitronensaft und Olivenöl beträufeln. Butter in etwas Olivenöl zergehen lassen, die Zucchiniblüten in die Pfanne legen und auf beiden Seiten kurz anbraten. Warm auf die Teller mit den Zucchinistreifen legen, Salz und Pfeffer aus der Mühle darüberstreuen.

Wem das Ganze zu vegetarisch ist, der kann einige Scheiben dünn geschnittenen Prosciutto auf den Zucchini verteilen.

Gnocchi mit frischen Paradeisern und Basilikum

Gnocchi (Rezept für Kartoffelteig Seite 173)	2 Knoblauchzehen
	1 Chili
10 Kirschparadeiser	20 ml Olivenöl
2 Zweige frisches Basilikum	Salz

Paradeiser halbieren, in Olivenöl mit dem Chili 2 Minuten durchschwenken, blättrig geschnittenen Knoblauch dazu (nicht früher, sonst kann er braun und bitter werden), salzen, von der Flamme nehmen, grob geschnittene Basilikumblätter daruntermischen.

Die frisch gekochten Gnocchi in tiefe Teller geben, darauf die Paradeiser anrichten. Mit einem schönen Basilikumblatt garnieren.

Wenn die Gnocchi aus Zeitgründen schon vorher gekocht wurden, durch vorsichtiges Schwenken in etwas Butter, Olivenöl und Salz wärmen.

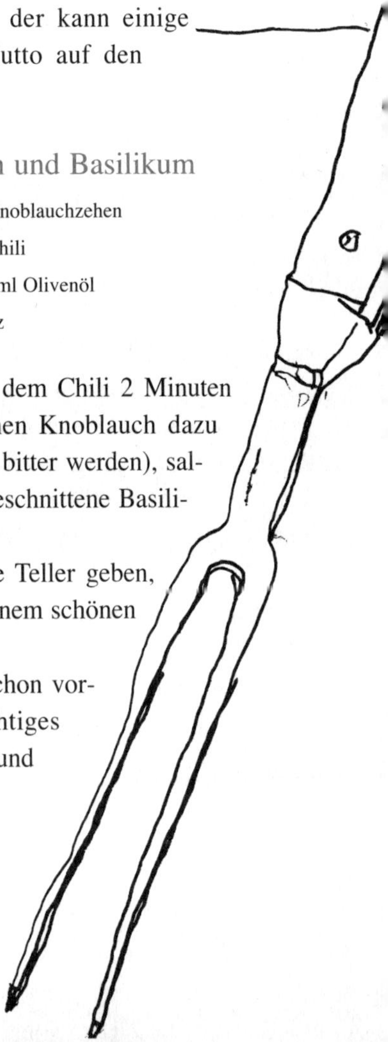

Pappardelle mit Kaninchen-Salbei-Sauce

100 g Pappardelle (wenn das Gericht kein Menügang ist und der Hunger entsprechend groß, dann die Mengen einfach verdoppeln)
150 g Kaninchenrücken oder Kaninchenkeule, ausgelöst
2 Schalotten (oder 1 mittelgroße Zwiebel)
4 Salbeiblätter
20 ml Olivenöl
40 ml Obers
Salz, schwarzer Pfeffer aus der Mühle

Kaninchenfleisch in kleine Würfel schneiden. Die Schalotten fein schneiden und in Olivenöl ganz kurz anbraten. Das Kaninchenfleisch und die zerrupften Salbeiblätter dazugeben, gut umrühren, salzen, pfeffern. Nur 3–4 Minuten braten, dann vom Herd nehmen, Obers unterrühren.
Nudeln in der Zwischenzeit bissfest kochen, abseihen, mit der Kaninchensauce vermischen, anrichten. Mit frischem Salbei garnieren oder – besonders fein – Salbeiblätter in Backteig (Rezept Seite 174) in Olivenöl knusprig backen, gut abtropfen lassen und das Gericht damit vollenden.

Wachteln mit Trüffelfülle

2 Wachteln
150 g mehlige Kartoffeln
1 kleines Ei
2 El Zwiebel, fein geschnitten
ca. 1 El Semmelbrösel
1 El + 1 Tl Puré di tartufo (reines Trüffelpüree)
30 ml Olivenöl
40 g Butter
1/2 Zitrone
Salz, schwarzer Pfeffer aus der Mühle

Die Kartoffeln kochen, auskühlen lassen, zerkleinern. Zwiebel in Olivenöl goldgelb anrösten. Mit den Kartoffeln, dem Ei und den Semmelbröseln binden. Salz und eine Spur Pfeffer dazu, mit 1 El Trüffelpüree gut vermischen, ziehen lassen.
Wachteln waschen, evtl. vorhandene Federkiele ziehen (ich hab das lange mit meiner Augenbrauenpinzette gemacht, gestehe ich – man

kann sie ja waschen –, bis mir mein Mann so einen schicken Grätenzieher geschenkt hat), mit einer Küchenrolle trocken tupfen, mit der Schnittfläche der Zitrone abreiben, salzen und pfeffern. Dann die Wachteln mit der Trüffelmasse füllen. Das Öl in eine feuerfeste Schüssel geben, die Wachteln eng nebeneinander hineinsetzen, auf jede eine Butterflocke geben. Die Wachteln in das auf 180 Grad vorgeheizte Rohr schieben, ca. 45 Minuten backen.

Danach die getrüffelten Wachteln auf vorgewärmten Tellern anrichten, in den übrig gebliebenen Saft die restliche – eiskalte – Butter rühren und 1 Tl Trüffelpüree dazugeben. Die Sauce über die Wachteln geben und servieren.

Wer es etwas vielfältiger mag, der brät Mangold in Olivenöl und Butter (nur mit Salz und Pfeffer) und bereitet aus dem Gemüse eine Wiese für die Wachtel.

Übrigens: Beim Buchinger habe ich gelernt, dass man Wachteln auch auslösen kann – das erkläre ich an anderer Stelle (Rezept Seite 110).

Dunkles Schokomousse

Das Essen nähert sich dem Ende, oder ist es der Höhepunkt? Wer kann das schon sagen …

Droch wischte sich den Mund ab und nahm einen Schluck Traminer. Ich schob mir eine Strähne meiner langen schwarzen Haare zurück. Das Gesicht von Droch. Kantig, kurz geschnittene Haare und fettige Lippen. Wir sahen uns an und wir aßen. Mit Brot tunkten wir die Sauce auf. Ich füllte die Gläser nach. Wir tranken.

„Incredibile", sagte Droch in die Stille.

„Incredibile", erwiderte ich.

Wir blieben so sitzen, bis etwas Wind aufkam und mich zu frösteln begann. Droch rollte davon und holte eine alte Strickjacke. Er hängte sie mir um, und ich spürte für einen Moment seine Hände

auf meinen Schultern. Aber schon war er wieder auf seinem Platz. „Ich habe noch Schokomousse“, murmelte ich.
Droch lachte und brach die Spannung.

80 g 70-%-Schokolade
80 ml Obers
1 Pkg. Vanillezucker mit echter Bourbon-Vanille (für die, die es nicht so süß wollen: gar kein Zucker, sondern bloß etwas gemahlene Vanille – entweder Vanillestange selbst reiben oder im Spezialgeschäft kaufen)
frische Früchte

In einem Topf Wasser zum Kochen bringen, eine Schüssel mit der in Stücke gebrochenen Schokolade daraufsetzen (das Wasser soll die Schüssel nicht berühren). Rühren, bis die Schokolade geschmolzen ist. Obers mit Vanillezucker oder Vanille halbfest schlagen und unter die lauwarme Schokolade ziehen. In Gläsern anrichten, mindestens 1 Stunde kühlen.
Mit frischen Früchten servieren.

Nächtliches Menü für Joe

Mit volkstümlicher Musik kann Mira genauso wenig anfangen wie ich, allerdings nervt mich auch die Verachtung, mit der Menschen mitunter dieser Musikgattung begegnen. In „Ausgejodelt" verliebt sich Mira in Joe Platt, den Moderator einer volkstümlichen Fernsehshow. Da weder die Verliebtheit noch Miras Kochleidenschaft Zeit und Stunde kennen, will sie ihn lange nach Mitternacht „einkochen". Und: Es soll ganz schnell gehen …

Geräucherte Gänsebrust mit Mango
Lauwarme Entenleber in Portwein
Fasanenbrust mit Pappardelle
Sfornato estivo à la Armando (Sommerliches Überbackenes)

Geräucherte Gänsebrust mit Mango

100 g Gänsebrust, tiefgefroren
1/2 Mango
schwarzer Pfeffer aus der Mühle
Olivenöl
Balsamico-Essig aus der Sprühflasche
frisches Weißbrot (ersatzweise Weißbrotscheiben in etwas Olivenöl rösten)

Mango schälen, entkernen und – am besten auf der Schneidemaschine – in hauchdünne Scheiben schneiden. Gänsebrust gefroren hauchdünn aufschneiden und sofort, abwechselnd mit der Mango, auf großen Tellern auflegen.
Mit möglichst grob gemahlenem Pfeffer bestreuen, ein paar Tropfen feines Olivenöl und Balsamico aus der Sprühflasche darübergeben. Dazu das Weißbrot in Scheiben servieren.

Lauwarme Entenleber in Portwein

200 g Entenleber (das Rezept gelingt natürlich auch mit anderen Geflügellebern, aber ich mag Entenleber am liebsten)
1 El fein geschnittene Schalotte (oder Zwiebel)
20 ml Olivenöl
40 g Fettrand von der geräucherten Gänsebrust, ersatzweise fetten weißen Speck
1 Lorbeerblatt
1 Zweig frischer Thymian
40 ml Portwein
evtl. frisches Weißbrot

Fettrand von der Gänsebrust oder Speck in ganz kleine Würfel schneiden und im Öl mit Lorbeer und Thymian vorsichtig zergehen lassen, Zwiebel glasig anrösten. Sehnen und Fett von der Leber entfernen (wer eine Katze wie Gismo hat, weiß, was mit den „Abfällen" zu tun ist …) und die Leber auf kleiner Flamme auf jeder Seite 2 Minuten anbraten. Mit dem Portwein übergießen, nicht mehr aufkochen lassen, sondern zugedeckt zur Seite stellen und 5 Minuten am Herdrand ziehen lassen. Auch den zweiten Gang – je nach Geschmack – auf oder neben Weißbrot anrichten. Wer mehr Zeit hat als Mira mitten in der Nacht, der rührt dazu eine Polenta (am besten eignet sich die vorgequellte Instant-Polenta, einfach den Angaben auf der Packung folgen).

Fasanenbrust mit Pappardelle

100 g Pappardelle mit viel Ei
100 g Fasanenfilet
100 g Zwiebel (1 mittelgroße)
3 Knoblauchzehen
1 Peperoncino
30 ml Olivenöl
20 ml Obers

Zwiebel und Knoblauch fein schneiden und zusammen mit dem Peperoncino in 20 ml Olivenöl anbraten, das Fasanenfilet würfeln und einige Minuten mitrösten. Salzen, am Ende das Obers einrühren. Pappardelle bissfest kochen (wenn man solche mit viel Ei nimmt, dauert das nur 3–5 Minuten; ich koche sie immer 1–2 Minuten kürzer, als auf der Packung angegeben, und koste dann), in 10 ml Olivenöl schwenken, auf Tellern verteilen, das Fasanenragout darauf anrichten. Evtl. mit einem schönen Peperoncino garnieren.

Sfornato estivo à la Armando (Sommer-Überbackenes)

1/2 Mango

150 g Hühnerbrust

50 g Prosciutto, geschnitten

20 ml Olivenöl

Salz, schwarzer Pfeffer aus der Mühle

Grill im Backrohr auf 250 Grad vorheizen (wer keinen Grill hat, geht auf maximale Oberhitze). Mango schälen und in 3 mm dicke Scheiben schneiden. Hühnerfilet zu 4 Schnitzeln schneiden, die Schnitzel möglichst dünn ausklopfen (am besten in einem Plastiksack). Auf einem mit Olivenöl bepinselten Backblech, auf 2 Portionen verteilt (je etwas unter Tellergröße), als untere Lage dünne, gesalzene Scheiben von der Mango geben, darüber die Hühnerfiletscheiben, darauf die Prosciutto-Scheiben. Mit Öl bepinseln, pfeffern.
Das Blech für maximal 3 Minuten ins Rohr geben, dann die Sfornati mit einem Bratenwender oder einer Palette vom Blech heben und vorsichtig auf vorgewärmte Teller geben.

Mira fand dieses Menü gelungen. Übrigens: Dazu gab es Prosecco (wobei gesagt werden muss, dass die Massenware, die man inzwischen als Prosecco bekommt, mit Sicherheit nicht immer von den Hügeln des Prosecco-Gebiets rund um Valdobbiadene und Conegliano stammt und nicht immer vollständig und sorgsam gekeltert ist). Joe hat trotzdem Mühe, nicht einzuschlafen. – Vielleicht passen die beiden doch nicht zueinander?

„Köstlich, ein Wahnsinn", rief Joe. „So habe ich um diese Uhrzeit noch nie gegessen."
Das allerdings sagte über die Qualität meiner Kochkünste nicht viel aus. Was wollte ich eigentlich? Beweisen, dass ich zumindest eine hausfrauliche Tugend hatte? Würde ich demnächst damit

auftrumpfen, dass ich sogar einen Knopf annähen konnte? Unsinn. Kochen war etwas anderes. Ein Lebensgefühl. Das Gefühl, zu leben. Immerhin aß Joe alles auf und schien sogar munterer zu werden.
„Jetzt kommt nur noch ein Gang, ganz leichte Küche." Bevor er etwas sagen konnte, verschwand ich. Der Grill im Backrohr war auf 250 Grad vorgeheizt. Ich schob das Blech mit den Mango-Hühner-Prosciutto-Schichten hinein, für maximal 3 Minuten.
„Sfornato estivo à la Armando", sagte ich laut, als ich mit den Tellern zum Tisch kam.
Joe schreckte hoch. „Köstlich!", sagte er wieder.
Es war köstlich, wirklich.

Venetisches Menü für Fernsehgrößen

Weil es Herbst ist und weil es gilt, gute Stimmung bei einer Fernsehintendantin zu machen, kocht Mira diesmal ganz klassisch venetisch.

Sarde in saor
Sopressa mit Salsa verde
Spaghetti mit Tintenfisch in der eigenen Tinte
Gnocchi mit Butter und Salbei
Pasta e fasoi
Rombo mit Balsamico

Sarde in saor

200 g Zwiebel
30 ml Olivenöl
1/2 l Weißwein
20 ml weißer Balsamico-Essig
20 g Rosinen
1 kl. Stück Zimtrinde
Salz, schwarzer Pfeffer aus der Mühle
4 Sardinenfilets
Mehl zum Bestäuben
20 g Pinienkerne
20 ml Olivenöl

Die Zwiebel in Ringe schneiden, in 30 ml Olivenöl hellbraun rösten, mit dem Weißwein und dem Balsamico ablöschen, Rosinen und Pinienkerne dazu, mit Salz und Pfeffer aus der Mühle würzen, ein kleines Stück Zimtrinde dazugeben, dünsten, bis die Zwiebelringe weich sind, aber noch nicht zerfallen. Evtl. zusätzlichen Weißwein beigeben. Die Sardinenfilets auf der Hautseite bemehlen, salzen, auf der Hautseite knusprig braten, umdrehen und nur 30 Sekunden weiterbraten. Noch heiß, abwechselnd mit der Zwiebelmischung in eine Form schichten. Entweder lauwarm servieren oder 1–3 Tage im Kühlschrank durchziehen lassen.

Sopressa mit Salsa verde

100 g Sopressa (grobe Salami aus dem Veneto, ersatzweise eine andere grobe, weiche Salamiart)
50 g Petersilie
2 Knoblauchzehen
30 g Walnüsse
1 Tl Sardellenpaste
10 ml Zitronensaft
60 ml Olivenöl
Salz, schwarzer Pfeffer aus der Mühle
kleine gelbe oder rote Tomaten zum Garnieren

Für die Salsa verde Petersilienblätter abzupfen (dünne Stängel können dabeibleiben) und mit dem Messer zerkleinern. Walnüsse zerkleinern. Alle Zutaten mit dem Stabmixer zu einer Sauce mixen.
Sopressa in 2 dicke Scheiben schneiden und auf je einen großen Teller legen. Mit kleinen Tomaten garnieren, um die Sopressa herum einen Kreis aus Salsa verde ziehen.

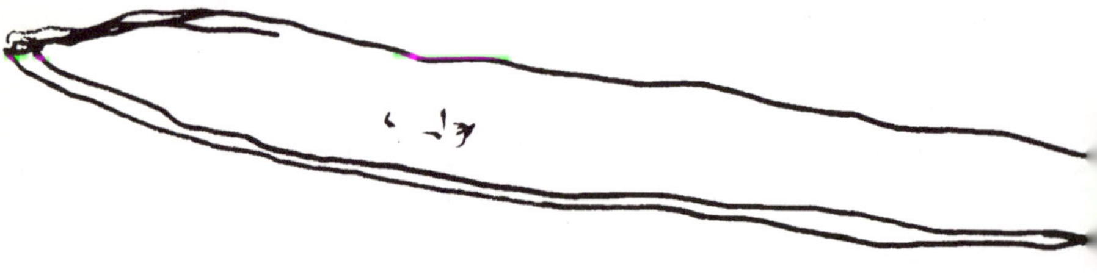

Spaghetti mit Tintenfisch in der eigenen Tinte

150 g Spaghetti
150 g Tintenfisch, geputzt
40 ml Tintenfischtinte (gibt es in Fischgeschäften, besonders Eifrige können die Tinte aus den Tintensäcken von noch ungeputzten Tintenfischen nehmen, sie schmeckt aber nur dann besser als das fertige Produkt, wenn die Tintenfische ganz frisch sind)
10 g Butter
20 ml Olivenöl
1 Peperoncino
3 Knoblauchzehen
Petersilie
Peperoncini und Petersilie zum Garnieren

Spaghetti bissfest kochen (lieber eine Minute weniger, als auf der Packung angegeben). Tintenfisch in Stücke schneiden, in Butter und Olivenöl mit dem Peperoncino scharf anbraten, nach 3 Minuten den blättrig geschnittenen Knoblauch dazu, umrühren, die Tinte darübergießen, nur mehr kurz aufwallen lassen.
Nudeln in vorgewärmten tiefen Tellern anrichten, die schwarze Sauce darübergeben, mit einem Peperoncino und Petersilie garnieren.

Gnocchi mit Butter und Salbei

Gnocchi (Rezept für Kartoffelteig Seite 173)
30 g Butter
20 g Olivenöl
10 Salbeiblätter
Salz
Parmesan oder Grana Padano zum Reiben

Gnocchi in Salzwasser kochen. Butter und Olivenöl mit etwas Salz erhitzen, die Salbeiblätter darin knusprig braten. Gnocchi daruntermischen, auf heißen Tellern anrichten. Käse darüberreiben.

Pasta e fasoi

Hiervon 2 Portionen zuzubereiten, ist sinnlos. Man kann den Rest der Suppe – natürlich ohne die Pastastücke – sehr gut aufwärmen. Oder man mixt sie, schmeckt sie ab und hat eine Bohnensauce.

250 g getrocknete Wachtelbohnen
1 l Gemüsefond (Rezept Seite 168, ersatzweise 1 l Wasser 15 Minuten mit vegetarischer Suppenwürze verkochen lassen)
1 große Zwiebel
3 Knoblauchzehen
20 ml Olivenöl
20 g Butter
Salz, schwarzer Pfeffer aus der Mühle
4 Zweige frischer Thymian
2 Lorbeerblätter

*

100 g Hartweizenmehl
1 Ei
Wasser
Salz

Bohnen über Nacht einweichen, in Wasser weich kochen. Achtung: Auf keinen Fall Salz dazugeben, sonst bleiben die Bohnen hart.
Zwiebel und Knoblauch fein schneiden, in Butter und Olivenöl anrösten, mit dem Gemüsefond aufgießen. Bohnen abseihen und, noch warm, beigeben, mit den Thymianzweigen, Lorbeerblättern, Salz, Pfeffer aus der Mühle würzen, so lange kochen lassen, bis ein Teil der Bohnen von selbst zerfällt (ca. 30 Minuten).
Mehl auf ein Brett geben, salzen, mit dem Ei vermischen, so viel lauwarmes Wasser einkneten, bis ein sehr fester Teig entsteht. Kneten, bis der Teig glatt ist. Mit dem Nudelwalker auf einem bemehlten Brett ausrollen, der Teig darf ruhig dicker bleiben. Teig in 2 cm breite und 4 cm lange Streifen schneiden (auch Quadrate, Rhomben etc. sind möglich), Teigstücke in wallendem Salzwasser 2 Minuten kochen, dann sofort in die Bohnensuppe geben und das Gericht in heißen Tellern servieren. Suppe mit einigen Tropfen Olivenöl und möglichst grob gemahlenem schwarzem Pfeffer abrunden.

Rombo mit Balsamico

1 Rombo (= Steinbutt) – er sollte nicht unter 1000 g haben, der sogenannte Baby-Butt schmeckt meist recht wässrig, am besten ist der Steinbutt, wenn er 3–5 kg hat
20 ml Olivenöl
20 ml Aceto Balsamico Tradizionale (er sollte dickflüssig sein, sonst 1 El Zucker in einer Pfanne erhitzen, bis er schmilzt und karamellisiert, dann mit 50 ml herkömmlichem Balsamico aufgießen und auf die Hälfte einreduzieren lassen; doch gleichwertig ersetzen kann man den großartigen Balsamico Tradizionale, der jahrelang reifen und einreduzieren musste, natürlich nicht)
Salz

Rohr auf 200 Grad vorheizen. Rombo gut waschen, trocken tupfen. In eine große Pfanne das Olivenöl geben, den Steinbutt hineinlegen, salzen, ein paar Tropfen Olivenöl darüber und ins Rohr schieben. 10 Minuten garen lassen, danach den Balsamico über den Fisch gießen, im halb offenen abgedrehten Rohr 5 Minuten ziehen lassen.
Den Rombo im Ganzen in der Pfanne servieren, heiße Teller verteilen und den Fisch tranchieren (Gräten gleich auf einen Gräteteller legen). Die Fischfilets mit dem Balsamico-Saft begießen.

Variationen von „komischem Fleisch"

Im Krimi „Kaltes Fleisch" steht Mira vor einer ganz besonderen Herausforderung: Sie hat einfach zu viel Fleisch daheim. Und: Die rote Karin, die resolute Supermarktverkäuferin, hat ihr erzählt, dass beim Fleisch etwas „komisch" sei in letzter Zeit …
Aber das kann alles Mögliche bedeuten.

> *„Was würdest du unter ‚komischem Fleisch' verstehen?", fragte ich meinen Kollegen am Nachbarschreibtisch. Er sah auf und runzelte die Stirn.*
> *„Eine Erotikshow mit Clowns?"*
> *Ich seufzte.*

„Nackte Ulknudeln?“
„Ich rede von Fleischstücken, Beefsteak, Tafelspitz, so etwas.“
„Was soll daran komisch sein?“
„Nicht witzig, sondern komisch im Sinn von seltsam.“
„Was soll an einem Tafelspitz schon seltsam sein?“

Letztendlich verlässt sich Mira auf ihre Nase (was wir alle immer wieder tun sollten, dann hat Gammelfleisch keine Chance), und die sagt ihr, dass zumindest diese Fleischproben wohl okay sind. Und sie verarbeitet sie – großteils – venetisch.

Manzo in saor
Fusilli mit Schweinsfilet
Sfornati vom Schwein mit Radicchio und Trüffeln
Kalbsfilet in Weißburgunder

Manzo in saor

Das ist etwas ganz klassisch Venetisches, faktisch der Fleisch gewordene Verwandte der Sarde in saor (siehe Seite 25). Da sich das Gericht mindestens eine Woche hält und es absurd wäre, bloß ein Stückchen Rindfleisch für 2 Personen zu kochen, hier die Menge für ca. 8 Portionen:

1000 g Tafelspitz (den hat Mira gerade vorrätig; wer es lieber „saftiger“ hat, nimmt ein Rindsschulterscherzl)
2 Karotten
1 gelbe Rübe
1 Zwiebel
1/4 Sellerieknolle
Salz
10 Pfefferkörner
5 Neugewürzkörner
1 Lorbeerblatt
5 Stängel frische Petersilie

*

4 große Zwiebeln
40 ml Olivenöl
50 g Rosinen
250 ml Weißwein
20 ml weißer Balsamico
grober Pfeffer aus der Mühle

1 1/2 l Wasser zum Kochen bringen, vorsichtig salzen. Karotten, Sellerie und gelbe Rübe waschen, schälen und sowohl Wurzeln als auch Schalen und Petersilienstängel ins Kochwasser geben. Zwiebel ungeschält halbieren und auf der Herdplatte oder in einer Pfanne ohne Fett an den Schnittseiten dunkelbraun werden lassen, ins Kochwasser geben. Gewürze dazu, Fleisch einlegen und auf kleiner Flamme weich kochen (ca. 90 Minuten, zur Probe mit der Fleischgabel einstechen, anheben – wenn das Fleisch gar ist, fällt es von selbst von der Gabel). Fleisch im Sud lauwarm werden lassen.
Zwiebel in dicke Ringe schneiden, in Olivenöl anrösten. Rosinen, Salz und groben Pfeffer aus der Mühle dazugeben. Mit Weißwein und Balsamico aufgießen. Zwiebel auf kleiner Flamme weich dünsten.
Fleisch mit einem scharfen Messer (am besten mit einem Elektromesser) in dünne Scheiben schneiden und in eine Schüssel oder Auflaufform legen. Die Saor-Marinade auf die Fleischscheiben geben, Gefäß mit Klarsichtfolie abdecken. Im Kühlschrank mindestens 1 Stunde durchziehen lassen.
Oder man serviert den Manzo in saor gleich lauwarm.

Fusilli mit Schweinsfilet

200 g Fusilli (oder andere Nudeln)
200 g Schweinsfilet
1 Peperoncino
4 Salbeiblätter
20 ml Olivenöl
20 g Butter
100 ml Weißwein
1 Tl Stärkemehl (Maizena o. Ä.)
Salbeiblätter zum Garnieren

Schweinsfilet in möglichst kleine Stücke schneiden. Das Fleisch zusammen mit dem klein geschnittenen Peperoncino und zerrissenen Salbeiblättern in Olivenöl und Butter scharf anbraten. Mit Weißwein ablöschen, 5 Minuten dünsten. Stärkemehl mit etwas kaltem Wasser abrühren, die Sauce damit ganz leicht binden, noch einmal aufkochen lassen.

Fusilli bissfest kochen, in heiße tiefe Teller geben, darauf die Schweinsfiletsauce. Mit Salbeiblättern garnieren.
Wer es gerne deftiger hat, kann mit dem Schweinsfilet noch kleine Speckwürfel mitrösten.

Sfornati vom Schwein mit Radicchio und Trüffeln

200 g ausgelöste Schweinskoteletts (Schweinsrücken ohne Knochen)
100 g Radicchio Trevigiano (ersatzweise anderer Radicchio)
100 ml Weißwein
50 g Frischkäse
1 El Trüffelpaste (ersatzweise 1 Tl gutes Trüffelöl oder am besten natürlich: 1 frische Trüffel)
Olivenöl
Salz
Pfeffer
frischer Thymian
40 ml Madeira

Schweinskoteletts in 4 dünne Scheiben schneiden, mit Salz, Pfeffer, Thymian und Madeira marinieren. 1 Stunde ziehen lassen. Backrohr auf Grillfunktion auf 220 Grad vorheizen (oder maximale Oberhitze). 100 ml Wasser mit dem Weißwein aufkochen, die Radicchioblätter 30 Sekunden blanchieren, in einem Sieb abtropfen lassen.
Blech mit Olivenöl bestreichen, jeweils 1 mariniertes Schweinskotelett, Radicchio und mit Trüffelpaste verrührten Frischkäse übereinanderschichten und das Blech für 3–5 Minuten unter den Grill schieben. Je 2 Sfornati mit einem Bratenwender oder einer Palette vom Blech auf vorgewärmte Teller heben. Wenn vorhanden, frische Trüffel dünn darüberhobeln.

Kalbsfilet in Weißburgunder

2 Kalbsfilets zu je 150 g
250 ml trockener, kräftiger Weißburgunder
1 El Kapern
1 Tl Sardellenpaste
40 ml Obers
1 Tl Stärkemehl (Maizena o. Ä.)
10 ml Olivenöl
10 g Butter
Salz, weißer Pfeffer aus der Mühle

Rohr auf 80 Grad vorheizen. Kalbsfilets in Olivenöl und Butter anbraten. Ins Rohr schieben, mit Alufolie bedecken und 1 Stunde bei niederer Temperatur garen. Den Bratenrückstand mit dem Weißburgunder aufgießen, Flüssigkeit auf die Hälfte einreduzieren lassen. Die Hälfte der Kapern und die Sardellenpaste in die Weinsauce geben.
Den Saft der Kalbsfilets aus dem Rohr zur Weinsauce geben, Stärkemehl mit etwas kaltem Wasser verrühren und die Sauce damit leicht binden. Aufkochen lassen, Obers dazugeben, stabmixen. Die restlichen Kapern dazu, mit Salz und Pfeffer abschmecken. Sauce auf heißen Tellern anrichten, das Fleisch daraufsetzen.
Dazu passt frisches, knuspriges Weißbrot oder Risotto (Rezept Seite 35) mit etwas Safran.

*

Vitello tonnato

Da das Vitello tonnato gut einige Tage durchziehen kann, empfiehlt es sich, gleich mehr als 2 Portionen zuzubereiten.

1000 g Kalbfleisch (am besten Frikandeau oder Nuss)
2 Karotten
1 Zwiebel, geschält und mit 4 Gewürznelken besteckt
1 Lorbeerblatt
5 Neugewürzkörner
10 schwarze Pfefferkörner

300 g Thunfisch in Öl
2 Sardellenfilets (oder Sardellenpaste)
1 El Kapern
200 ml Olivenöl
1 Dotter
Salz
etwas Zitronensaft
1 Prise Zucker

1 l Wasser zum Kochen bringen. Karotten waschen, schälen, sowohl Schale als auch Karotten einlegen, geschälte gespickte Zwiebel, Pfefferkörner, Neugewürzkörner, Lorbeerblatt und das Kalbfleisch dazugeben. Auf kleiner Flamme das Fleisch gar kochen (ca. 90 Minuten, zur Probe mit einer Fleischgabel tief einstechen, anheben; wenn das Fleisch von selbst von der Gabel fällt, ist es durch – den

Test nicht zu oft durchführen, sonst geht zu viel Saft verloren). Im Sud erkalten lassen.
Thunfisch abtropfen lassen, mit 100 ml vom Kalbsfond, Sardellen und Kapern stabmixen.
Aus dem Dotter und dem Olivenöl eine Mayonnaise rühren, am einfachsten geht das mit dem Stabmixer. Darauf achten, dass alle Zutaten zimmerwarm sind. Dotter mit etwas Zitronensaft, Salz und Zucker und einem Löffel Kalbsfond mixen, danach das Olivenöl langsam dazugeben und immer weitermixen.
Die Thunfischsauce mit der Mayonnaise verrühren. Evtl. mit zusätzlichem Kalbsfond verdünnen.
Fleisch in Scheiben schneiden und wieder zur ursprünglichen Form zusammensetzen. Mit der Vitello-tonnato-Sauce übergießen, die mitgekochte Karotte in Scheiben schneiden, das Gericht damit garnieren und mindestens 2 Stunden im Kühlschrank durchziehen lassen.
Vitello tonnato lässt sich natürlich auch portionsweise anrichten. Dafür einige Kalbfleischscheiben auf einen großen Teller legen, mit der Sauce überziehen. Mit einigen Kapern garnieren.
Den übrig gebliebenen abgesiehenen Kalbsfond kann man sehr gut als Basis für cremige Suppen verwenden – auch die Pasta e fasoi schmeckt mit Kalbsfond hervorragend.

Bigoli con tonno

200 g Bigoli (sehr dicke venetische Spaghetti)
200 ml pürierte Tomaten (aus dem Tetrapack oder dem Glas, wichtig ist, dass es sich um pure Tomaten handelt)
1 mittelgroße Zwiebel
4 Knoblauchzehen
100 g frisches Thunfischfilet
1 Zweig Thymian
1 Zweig Rosmarin
1 Lorbeerblatt
1 Tl Zucker
40 ml Madeira
20 ml Olivenöl
Salz, schwarzer Pfeffer aus der Mühle

Klein geschnittene Zwiebel zusammen mit Rosmarin, Thymian, Lorbeerblatt, Salz in Olivenöl hell anrösten. Thunfisch in Stücke schneiden, zusammen mit dem blättrig geschnittenen Knoblauch nur 2 Minuten mitrösten (der Thunfisch soll angebraten sein, auf keinen Fall aber durch, sonst wird er wie fast jeder Fisch zäh und strohig), dann zur Seite geben. Den Rückstand mit dem Zucker kurz karamellisieren. Mit Madeira ablöschen. Passierte Tomaten darübergießen, 5 Minuten kochen lassen. Mit Pfeffer aus der Mühle abschmecken, Thunfisch wieder dazugeben.
Bigoli in Salzwasser bissfest kochen. Thunfisch sofort auf den heißen Nudeln anrichten und servieren.

Risotto (Grundrezept)

Armando Zanotto war für mich der Weltmeister im Risotto. Was habe ich bei ihm nicht alles gekostet … Im Herbst verwöhnte er uns gern mit Risotto con mirtilli, also Risotto mit Heidelbeeren. Bei einem Festmenü nach unserer Hochzeit gab es Risotto con petale di rose, ein Risotto mit Rosenblüten. Ich habe mich kaum nach dem Rezept zu fragen getraut, aber er hat es mir bereitwillig gegeben und viele gute Tipps dazu. Hier der wichtigste: Es kommt auf das exakte Timing an. Und: Risotto kann man nur frisch machen, niemals wärmen.
Zuerst ein Grundrezept, das Mira je nach Jahreszeit, Gusto und verfügbaren Zutaten ergänzt.

200 g Risotto-Reis
40 g Butter
20 ml Olivenöl
1 kleine Zwiebel
150 ml trockener Weißwein
1 l Gemüsefond (Rezept Seite 168, ersatzweise Wasser ca. 15 Minuten mit vegetarischer Suppenwürze verkochen lassen), bei deftigen Risotti auch Hühner- oder Rindssuppe
Salz
50 g Parmesan zum Reiben

Gesalzenen Gemüsefond zum Kochen bringen. In einem Topf 20 g Butter in Olivenöl schmelzen, die fein geschnittene Zwiebel darin

glasig rösten. Reis dazufügen und anrösten, bis alle Körner glasig sind. Mit Weißwein ablöschen, unter Rühren auf kleiner Flamme einkochen lassen. Wenn das Ganze eine sämige Konsistenz erreicht hat, mit einem Schöpfer kochendem Gemüsefond begießen und umrühren. So oft wiederholen, bis der Reis al dente ist. Wichtig ist, dass immer und auch am Ende noch etwas von der inzwischen sämigen Kochflüssigkeit den Reis bedeckt. Echtes Risotto muss cremig sein. Vom Herd nehmen, die restliche in Würfel geschnittene Butter und den frisch geriebenen Parmesan einrühren. 3 Minuten ziehen lassen, dann sofort servieren.
Dieses Grundrezept lässt sich auf vielfältige Art abwandeln, als Beilage mag ich es, wenn es mit etwas Safran oder mit frischen Kräutern ergänzt wird.

Mira kocht im Krimi „Kaltes Fleisch“ ein Risotto mit Radicchio und Apfel:
Dafür brät man Radicchiostreifen (am besten ist der Radicchio Trevigiano, aber den bekommt man außerhalb des Veneto nicht immer) in ganz wenig Olivenöl und zieht sie, zusammen mit einem Apfel in ganz kleinen Würfeln, am Ende mit der Butter und dem Parmesan unter.

Ich habe in einer Kochsendung des ORF einmal Risotto mit Jakobsmuscheln, Shrimps und Prosecco gekocht, dafür braucht man zusätzlich:

200 g große Shrimps (wenn möglich, Kaltwassershrimps, die schmecken viel intensiver)
6 große Jakobsmuscheln (ohne Schale)
Prosecco (anstelle des trockenen Weins)
etwas Safran

Wenn der Reis beinahe al dente ist, Jakobsmuscheln in Blätter schneiden, ganz kurz in Butter anbraten. Muscheln, Shrimps und Safran zum Reis geben, nur noch einmal aufkochen lassen. Danach wie üblich die restliche Butter sowie den frisch geriebenen Parmesan dazugeben.
Ist das Risotto nur ein kleinerer Zwischengang, sieht es sehr hübsch

aus, wenn man es in vorgewärmten und mit Butter bestrichenen Jakobsmuschelschalen serviert.

Branzino in der Salzkruste

Branzino gehört zu Miras – und zu meinen – Lieblingsfischen, sein weißes festes Fleisch schmeckt besonders aromatisch, wenngleich man seit einigen Jahren darauf achten muss, was man kauft: Zuchtbranzino schmeckt lange nicht so gut wie wild gefangener.

1 Branzino (= Wolfsbarsch), ca. 800 g

1000 g grobes Meersalz

Rohr auf 220 Grad vorheizen. Branzino waschen, trocken tupfen. Das Salz mit wenig Wasser zu einem dicken Brei verrühren, eine dicke Lage davon in eine feuerfeste Form geben, Fisch darauflegen, in den Salzbrei packen, so dass diese ihn vollständig umschließt. 15 Minuten im Rohr garen, 5 Minuten ziehen lassen. Dann die Salzkruste abklopfen, den Fisch auf eine warme Platte heben und am Tisch filetieren. Evtl. etwas Olivenöl über die Fischfilets träufeln.
Dazu isst Mira frisches Weißbrot.

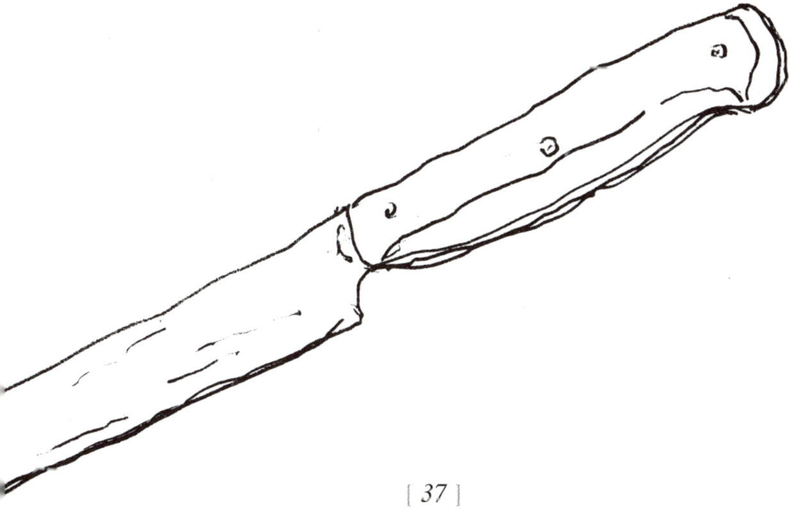

Hier noch ein zweites Rezept:

Branzino in eigener Sauce auf Mangold

1 Branzino (= Wolfsbarsch), ca. 800 g
100 ml Weißwein
1 Karotte
1 Stangensellerie
4 Stängel Petersilie
2 Knoblauchzehen
1 Zwiebel
1 Lorbeerblatt
6 Pfefferkörner
3 Neugewürzkörner
1 Tl Stärkemehl

10 ml Olivenöl
20 g Butter
etwas Mehl
20 ml Obers
grobes Meersalz aus der Mühle
1 Limette zum Garnieren

*

200 g Mangold
40 g Butter
Salz, weißer Pfeffer aus der Mühle

Branzino filetieren. Zuerst den Kopf hinter den Kiemen abtrennen, dann mit einem scharfen kleinen Messer rechts und links entlang des Rückgrats einschneiden, beim Ablösen der Filets so dicht wie möglich an den Gräten bleiben. Die gebliebenen Gräten aus den beiden Filets zupfen (am besten mit einer Grätenpinzette). Filets kalt stellen.
Kopf und Gräten in einen Topf geben, mit Wasser und dem Weißwein knapp bedecken. Sellerie, Karotte, Petersilie, Zwiebel, Knoblauch Lorbeerblatt, Pfeffer, Neugewürz, Salz dazu. Aufkochen, 15 Minuten kochen lassen. Danach ohne Flamme lauwarm ziehen lassen.
Fischsud durch ein Haarsieb, besser noch durch ein Etamintuch seihen. Wieder zum Kochen bringen, auf die Hälfte einreduzieren. Stärkemehl mit kaltem Wasser verrühren und so viel davon in die kochende Sauce rühren, dass sie leicht gebunden ist.
Branzinofilets auf der Hautseite in Mehl tauchen. In einer Pfanne mit Olivenöl auf der bemehlten Seite knusprig anbraten. Nach ca. 5 Minuten vom Feuer nehmen, am Herdrand die Filets wenden und einige Minuten ziehen lassen, so bleiben sie schön saftig.
Mangold für 2 Minuten in Salzwasser blanchieren, danach in die erwärmte Butter legen, salzen, pfeffern, kurz durchschwenken.

Branzinosauce aufkochen, Obers dazugeben, mit dem Stabmixer schaumig rühren. Auf vorgewärmte Teller zuerst die Sauce gießen, dann den Blattmangold darauf verteilen, je ein Fischfilet mit der knusprigen Hautseite nach oben auf das Gemüse legen. Etwas grobes Meersalz aus der Mühle über den Fisch streuen. Mit Limettenscheiben garnieren.

Garnelen mit Knoblauch und Peperoncini

Das ist ein typisches schnelles Mira-Essen, auch für eine Person sofort zubereitet. Es ist auch einer meiner Favoriten, wenn ich zum Beispiel nach einer Lesung oft erst spät in der Nacht hungrig heimkomme.
Seit ich weiß, was mit den riesigen Garnelenzuchten ökologisch angerichtet wird, zwickt mich allerdings mein Gewissen. Und ich schaue, dass ich welche bekomme, bei denen die Produktionsbedingungen in Ordnung sind (hm, zumindest mache ich das immer häufiger ...).

10 große Garnelen ohne Schale, entdärmt
4 Knoblauchzehen
20 ml Olivenöl
2 Peperoncini
Salz
1 Bund Petersilie
4 dicke Scheiben Weißbrot

Garnelen in einen tiefen Teller geben, an einem warmen Ort antauen lassen. Knoblauchzehen schneiden. Olivenöl im Wok (oder in einer Stielpfanne) erhitzen und die geschnittenen Peperoncini anrösten. Knoblauch nur ganz kurz einlegen, damit er nicht braun und bitter wird. Dann die noch halb gefrorenen Garnelen hinein, schwingen oder rühren, bis sie gerade gut warm sind, salzen und gehackte Petersilie untermengen.
Am Herdrand 3 Minuten ziehen lassen, die Garnelen sollten innen noch glasig sein.
Die Weißbrotscheiben in einer Pfanne mit ein paar Tropfen Olivenöl knusprig rösten. Garnelen auf dem Weißbrot anrichten.

Während Mira dieses Gericht im Roman „Wahlkampf" kocht, denkt sie gerade über die seltsamen Typen rund um die bevorstehende Präsidentschaftswahl nach und verzieht sich mit ihren Garnelen vor den Fernseher.

Involtini von Gurken und Speck

1 Freilandgurke
50 g dünn geschnittener geräucherter würziger Speck
1 El Kokosflocken
Balsamico aus der Sprühflasche
10 ml Olivenöl
Salz

Gurke der Länge nach – am besten auf der Schneidemaschine – in hauchdünne Scheiben schneiden. Salzen und 10 Minuten ziehen lassen. Trocken tupfen. Jede Gurkenscheibe mit Speck belegen. Zu Involtini (= Röllchen) zusammenrollen. Auf einen Teller legen, mit Balsamico besprühen, mit etwas Olivenöl beträufeln und zum Schluss mit den Kokosflocken bestreuen.

Spaghetti aglio, olio, peperoncino

Aus welcher Region Italiens sie ursprünglich kommen, weiß ich nicht. Sie sind inzwischen überall daheim – und Mira bereitet sie in „Ausgekocht" als Abwechslung zu ihrem kulinarischen Abenteuer in einer Weinviertler Haubenküche.

200 g Spaghetti (sehr gut eignen sich auch Linguini)
6 Knoblauchzehen
2 Peperoncini
50 ml Olivenöl
Salz
evtl. Parmesan zum Reiben

In einer kleinen Stielpfanne das Olivenöl erhitzen, die zerkleinerten Peperoncini hineingeben. Knoblauchzehen in ganz feine Scheiben schneiden, dazugeben, salzen. Nur ganz kurz erhitzen, die Mischung soll bloß ziehen, ist das Öl zu heiß, wird der Knoblauch braun, und der gute Geschmack ist dahin.

Nudeln bissfest kochen (eher 1–2 Minuten weniger, als auf der Packung angegeben), abseihen, zurück in den großen Topf geben, Olivenölmischung darüber, gut durchrühren.
In tiefen Tellern anrichten und erst bei Tisch evtl. mit frisch geriebenem Parmesan ergänzen.

Leichtes Sommeressen mit Oskar

Im Kriminalroman „Verschieden" kocht Mira für ihren Oskar und stellt mit Freude fest, wie viel Oskar und sie doch gemeinsam haben. Aber auf den folgenden Seiten geht es dann nicht mehr nur um schöne Gemeinsamkeiten, sondern auch um ein Paar und seine mörderische Trennung ...

Spaghettini mit Feigen
Makrele mit Zwetschken-Ingwer-Sauce

Spaghettini mit Feigen

180 g Spaghettini
4 frische Feigen
2 frische Peperoncini
4 Knoblauchzehen
30 ml Olivenöl
Salz
Petersilie
2 Feigen, frisch gehackte
Petersilie zum Garnieren

Viel Salzwasser zum Kochen bringen. Olivenöl in einer Pfanne erhitzen, Peperoncini im Ganzen hineingeben. 4 Feigen in Würfel schneiden und in die Ölmischung geben. 2 Minuten rösten lassen. Dann die Knoblauchzehen dazudrücken, salzen, kurz umrühren, die Sauce vom Feuer nehmen, damit der Knoblauch nicht braun und bitter wird.
Nudeln al dente kochen und mit der Feigen-Peperoncini-Sauce vermischen. Mit Feigen und frisch geschnittener Petersilie anrichten.

Makrele mit Zwetschken-Ingwer-Sauce

1 Makrele (ca. 600 g)
20 g Hartweizenmehl (es geht aber auch jedes andere Mehl)
150 g Zwiebel
10 g Butter
20 ml Olivenöl
150 g Zwetschken
30 g Ingwer
60 ml Riesling
50 g Gelierzucker 3:1
1 Limette

Makrele filetieren. Mit Salz und Limettensaft (4 Scheiben zum Garnieren zur Seite geben) marinieren. Mit der Hautseite in etwas Mehl tauchen. In 10 ml Olivenöl und Butter auf der bemehlten Seite knusprig braten, aus der Pfanne nehmen und in eine vorgewärmte Form geben (Hautseite nach oben), im Rohr bei 60 Grad ziehen lassen. Zwiebel in feine Würfel schneiden. Ingwer schälen und ganz fein schneiden. Beides im Bratrückstand der Makrele und dem restlichen Olivenöl hell anrösten. Zwetschken entkernen und vierteln, mit Zwiebel und Ingwer weiterrösten. Salzen, mit Riesling ablöschen, kurz aufkochen lassen.
Die Zwetschken-Ingwer-Sauce mit dem Gelierzucker süßen und gleichzeitig binden. 3 Minuten kochen lassen, zur Seite stellen. Die Sauce sollte beim Servieren lauwarm sein.
Sauce auf große Teller geben, darauf die Makrele anrichten, mit der Hautseite nach oben. Mit Limettenscheiben garnieren.

*

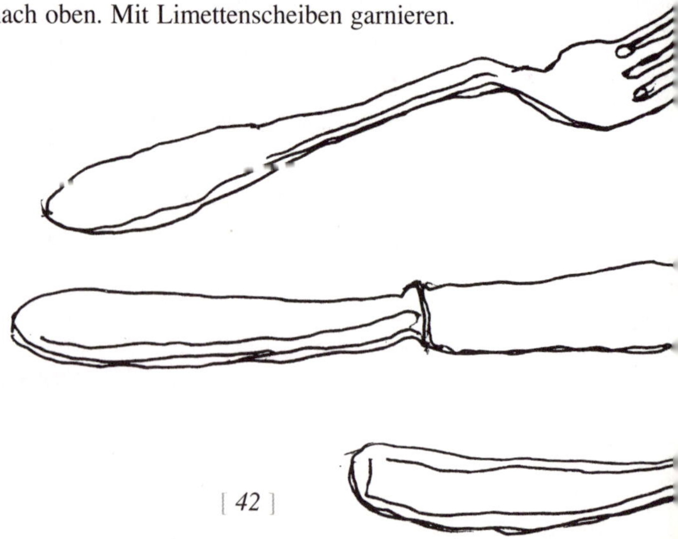

Pesto-Aufstrich

50 g Pinienkerne
50 g geschnittene Basilikumblätter
(oder Bärlauch, Petersilie)
3 geschnittene Knoblauchzehen
200 g Ziegenfrischkäse
100 g Butter
Salz

Pinienkerne, Basilikum (oder Bärlauch, Petersilie) und Knoblauch stabmixen, dann den Ziegenfrischkäse und die weiche Butter dazugeben, salzen. Noch einmal alles mixen – fertig.
Eine interessante Variante: Pinienkerne durch Walnüsse ersetzen und/oder statt mit Basilikum mit Paprikapulver und etwas Chili mischen.

Trüffel-Nudelsalat

250 g kräftige Nudeln (es eignen sich alle Sorten mit einer Kochzeit von über 12 Minuten)
20 ml Trüffelöl
evtl. 1 frische Trüffel
20 ml Olivenöl
10 ml Zitronensaft
Salz
Zucker
schwarzer Pfeffer aus der Mühle
1 El weißer Balsamico
1 Bund Schnittlauch

Nudeln al dente kochen, abseihen, kurz mit kaltem Wasser abschrecken (sonst kleben sie zusammen).
Aus Trüffelöl, Olivenöl, Zitronensaft, Balsamico, Salz, Zucker, Pfeffer und fein geschnittenem Schnittlauch eine Marinade rühren. Nudeln noch lauwarm mit der Marinade vermischen, mindestens 1 Stunde zimmerwarm ziehen lassen.
Vor dem Anrichten noch einmal mit Trüffelöl besprühen und evtl. frische Trüffel darüberreiben.

Crespelle mit Spinat und Ziegenkäse

125 g glattes Mehl
1 Ei
250 ml Milch
10 ml Olivenöl
1 Prise Salz
10 ml Olivenöl zum Backen

100 g Blattspinat
100 g Ziegenfrischkäse
20 g Butter
schwarzer Pfeffer aus der Mühle
Parmesan oder reifer harter Ziegenkäse zum Reiben

Backrohr auf Grillfunktion auf 220 Grad vorheizen (ansonsten maximale Oberhitze).
Die Teigzutaten zu einem glatten Teig verrühren. In einer beschichteten Pfanne mit ganz wenig Olivenöl kleine, dünne Palatschinken (Crêpes) backen.
Den Blattspinat 1 Minute in Salzwasser blanchieren, danach in der erwärmten Butter schwenken, salzen, pfeffern.
Crespelle auf ein befettetes Blech legen. Jeweils auf einer Hälfte mit dem Blattspinat und dem in Würfel geschnittenen Ziegenfrischkäse belegen, die andere Hälfte darüberschlagen. Über die Crespelle Parmesan (oder auch reifen harten Ziegenkäse) reiben. Im Rohr überbacken, bis sie außen goldgelb knusprig sind.

Auch die folgenden venetischen Varianten der Palatschinken habe ich bei Armando Zanotto kennengelernt. Beim Füllen der Crespelle sind der Fantasie kaum Grenzen gesetzt.

Crespelle con tartufi

Füllen mit einer Creme aus 4 El Crème fraîche, 1 El Trüffelpaste (oder natürlich frisch geriebenen Trüffeln), 50 g frisch geriebenem Grana Padano oder Parmesan, Salz.

Crespelle con radicchio

In etwas Olivenöl und Butter klein geschnittene Zwiebeln und geschnittenen Radicchio rasch anrösten, salzen, schwarzen Pfeffer aus der Mühle dazu, mit etwas Orangensaft und Cointreau ablöschen. Crespelle damit füllen.

Cantuccini

Danke, Renate! Ich habe die Cantuccini – die in Italien angeblich in den Vin Santo getunkt werden, wenngleich ich das noch nie gesehen habe (mir sind sie jedenfalls trocken lieber) – immer geliebt, allerdings sind sie mir erst mit Renates Rezept selber gelungen.

250 g Mandeln
250 g Mehl
250 g Staubzucker
2 Eier
1 Pkg. Trockengerm (Hefe)
Salz
Butter und Mehl für das Blech

Rohr auf 150 Grad vorheizen.
Eier mit dem Zucker sehr cremig schlagen. Mandeln zerkleinern, alle Zutaten in die Eiermasse mischen, gut durchkneten.
Mit nassen Händen dünne Würste formen und diese auf ein bebuttertes und bemehltes Blech (oder eine Silikonmatte) legen. 20 Minuten backen, dann herausnehmen und heiß in 1 cm dicke Stücke schneiden. Wieder ins Rohr geben und weitere 5 Minuten fertig backen.

Granita

Das geht ganz schnell. Gut ist, wenn man eine Eismaschine hat, doch die Granita lässt sich ebenso im Gefrierschrank herstellen, da muss man allerdings alle 10 Minuten umrühren.
100 ml Zitronensaft auf 150 ml mit Zucker auffüllen, auf 200 ml mit Liquore di limone, auf 400 ml mit Wasser. In die Eismaschine geben und zu Eis rühren lassen. In tiefgekühlten Gläsern anrichten, mit Zitronenschalen oder mit kandierten Zitronen in dunkler Schokolade garnieren.

GASTHAUS
Alten Schule

Das Weinviertel

Im Weinviertel bin ich daheim. Noch immer ist diese erstaunliche Landschaft vor den Toren Wiens weitgehend unentdeckt. Weinhügel, Sonnenblumenfelder, dazwischen Windräder, in meiner Gegend auch Ölpumpen. Und Menschen, die mir offen entgegengekommen sind.

Da habe ich meine Freunde, da freue ich mich jedes Jahr über noch bessere Weine, da laufe ich Feldwege entlang, vorbei an Reben und Zuckerrüben und Getreide. Da lebe ich. Und das gerne.

Mira hingegen ist ein Stadtmensch, so wie auch ich lange Zeit einer war. Sie macht Ausflüge ins Weinviertel, in „Wein & Tod" wohnt sie sogar einige Monate lang im fiktiven Ort Treberndorf. Allerdings ist sie fasziniert vom Ausblick, den man von gewissen Hügeln aus hat:

> *Wie durch einen Weichzeichner sehe ich die Konturen von Wien: seine neu gewachsenen Hochhäuser, die Türme, die UNO-City, Wohnhäuser, miteinander verschmolzen, Kirchturmspitzen. Eine Großstadt breitet sich vor mir aus, Metropole in Pastelltönen, nur wirklich durch diesen Hügel mit seinen Reben, dazwischen, schon näher, Windräder. Und davor, wie zufällig hier gelandet, die Kleinstadt Wolkersdorf.*

Die Küche des Weinviertels habe ich durch Manfred Buchinger und sein Gasthaus „Zur Alten Schule" kennengelernt. Der leidenschaftliche Weinviertler hat sich dem Regionalen verschrieben – auch wenn

er das für seine Gegend erst einmal definieren musste. Denn so viel ganz eindeutig Weinviertlerisches gibt es nicht – vielleicht abgesehen von der abenteuerlichen Kombination von Wuchteln und eingebrannten weißen Bohnen. Man hat das früher hier gegessen, und die Wuchteln waren tatsächlich mit Marmelade gefüllt! Meine Freundinnen Gerda und Maria bestätigen, dass es das in ihrer Kindheit daheim noch gegeben hat.
Heute geht es bei der Weinviertler Küche vor allem um die Produkte aus der Gegend, um eine Mischung aus Tradition und Kreativität. Selbstbewusste Liebe zur Gegend statt engstirniger Heimattümelei – Neues entstehen lassen in Respekt vor dem Alten. Ein Thema, das weit über die Küche hinausreicht.
Menschen mit diesem größeren Blickwinkel ist es auch zu verdanken, dass der Weinviertel DAC – streng verkosteter und selektierter Grüner Veltliner – inzwischen über die Grenzen Österreichs hinaus bekannt ist. Wer einen DAC bestellt, weiß: Da ist was Gutes drin.
„Wein & Tod" ist auch meine ganz persönliche Liebeserklärung an eine wunderbare Gegend und ihre Menschen – ganz abseits von Verklärung und Idylle.
Die Rezepte habe ich entweder hier kennengelernt, oder Mira hat sie im Weinviertel gekocht oder – sie schienen mir einfach hierher zu passen. Und wer noch mehr und noch typischer Weinviertlerisches kennenlernen will, der sollte Manfred Buchingers Kochbuch „Alte Schule – Rezepte" lesen.
Es gibt so viele großartige Weinviertler Weine, dass ich in diesem Kapitel auch Weinempfehlungen gebe.

Spargel gehört zu den ganz großen Spezialitäten des Marchfeldes und des Weinviertels. Wer je bei den Spargelbauern der Umgebung den ganz saftigen, frisch gestochenen Spargel gekauft hat, der will nie mehr von dem, der zu allen Jahreszeiten in den Supermarktregalen vor sich hin welkt.

Spargel, richtig gekocht (Grundrezept)

1000 g Spargel
40 g Butter
Salz
Zucker

1 l Wasser zum Kochen bringen, reichlich Salz und Zucker und die Butter hineingeben (das Spargelwasser soll etwas überwürzt schmecken). Den Spargel schälen (den weißen direkt vom Kopf weg bis zum Ende, beim grünen eine Handbreit hinter dem Kopf beginnen), holzige Enden entfernen. Den Spargel ins kochende Wasser geben. Ab dem Zeitpunkt, zu dem es wieder aufwallt, je nach Dicke des Spargels 1 bis maximal 10 Minuten auf ganz kleiner Flamme ziehen lassen.
Mir schmeckt zum Spargel am besten ein fruchtiger, leichter Weißburgunder oder ein ebensolcher Veltliner aus dem Weinviertel.

Spargel Fantasia

50 g Rucola (oder so viel man eben mag)
4 Stangen stechfrischen weißen Spargel
100 g Papaya (oder reife Mango)
10 ml Mangosirup
10 ml Zitronensaft
20 ml Olivenöl
Salz, schwarzer Pfeffer aus der Mühle

Spargel schälen. Rucola waschen, trocken schleudern. Auf Tellern anrichten. Darauf fächerartig rohe, mit dem Sparschäler der Länge nach hauchdünn geschnittene Spargelstreifen legen, ans untere Ende des Fächers fein geschnittene Papayastücke.
Marinade mixen und damit die Fantasia beträufeln.
Dazu mag ich einen mittelkräftigen Wein: entweder einen Weinviertel DAC oder einen Sauvignon Blanc (lange dachte ich ja, die wirklich guten gäbe es nur in der Südsteiermark, z. B. bei meinem Freund Hannes Zweytick, aber inzwischen weiß ich, dass auch das Weinviertel jedes Jahr spannende Sauvignons hervorbringt).

Tempura von Spargel und Bärlauch

Knuspriger Backteig (Rezept Seite 174, den Wein durch Sherry ersetzen)
Raps- oder Olivenöl zum Backen
400 g möglichst dünnen weißen Spargel
12 Bärlauchblätter

Spargel schälen, wenn er zu dick ist, der Länge nach halbieren. Bärlauchblätter waschen und mit Küchenpapier trocken tupfen.
In einer tiefen Pfanne Öl (mindestens 2 cm hoch) erhitzen oder die Fritteuse auf 175 Grad heizen. Spargel und Bärlauchblätter in den Backteig tauchen und knusprig frittieren. Auf Küchenpapier gut abtropfen lassen, auf heißen Tellern (evtl. mit einer Serviette oder einem Stück Backpapier belegen) sofort servieren.
Dazu schmeckt mir am besten ein leichter, fruchtiger Winzer-Frizzante – es gibt im Weinviertel viele davon, die Gegend war nicht von ungefähr lange das Zentrum der österreichischen Sekterzeugung.

Spargel mit Weinviertler Aioli-Mayonnaise

1000 g Solospargel

*

Die klassische Aioli-Sauce wird mit Kartoffeln, Eidotter und Safran zubereitet. Die Weinviertler Variante geht einfacher:
1/4 l Mayonnaise (Rezept Seite 175 – geht wirklich ganz schnell und ist viel besser als jede gekaufte)
300 g mehlige Erdäpfel, gekocht und durch die Erdäpfelpresse gedrückt
3 Knoblauchzehen
1/2 Tl Kurkuma (Gelbwurz) oder etwas Safran
etwas Weißwein

Mayonnaise mit passierten Kartoffeln, zerdrücktem Knoblauch und Gewürzen mixen, mit so viel Weißwein verdünnen, bis die Weinviertler Aioli dickcremig ist.
Spargel bissfest kochen (Rezept Seite 49). Spargel und Sauce nebeneinander anrichten.

Inzwischen gibt es ihn wieder, den ganz trockenen Muskat-Ottonell – mit dem Kopfwehwein vergangener Jahrzehnte hat er zum Glück gar nichts zu tun.

Lammleber mit Spargel

300 g Lammleber
2 Zweige Rosmarin
20 ml Olivenöl
10 g Butter
40 ml Marsala
1 Tl Stärkemehl (Maizena o. Ä.)
Salz, grober schwarzer Pfeffer aus der Mühle

*

400 g Spargel (weiß oder grün, Hauptsache frisch)
20 g Butter
Salz
Zucker

Haut und Sehnenteile von der Leber entfernen. Stärkemehl mit etwas Marsala verrühren. Lammleber im Ganzen mit den Rosmarinzweigen in Olivenöl und Butter rasch anbraten, mit Salz und Pfeffer würzen. Mit dem restlichen Marsala ablöschen, aufkochen, sofort mit der Stärke leicht binden und vom Herd nehmen.
Leber und Saft 30 Minuten bei 70 Grad im Rohr ziehen lassen.
Spargel kochen (Rezept Seite 49), auf 4 heiße Teller verteilen. Leber in 4 Teile schneiden, auf dem Spargel anrichten. Mit dem Saft begießen und den Rosmarinzweigen garnieren.
Dazu passt entweder ein kräftiger Grüner Veltliner oder einer der jungen, trockenen, leichten Rosés.

Geburtstagsbuffet

Für ihren Vater bereitet Mira ein Geburtstagsbuffet, die Gerichte lassen sich keiner bestimmten Region zuordnen, ich habe den Abschnitt ins Kapitel Weinviertel gestellt, weil ich alle Jahre wieder ein Buffet für unser Sommerfest bastle.

Die Mengen reichen für rund 40 Personen.

Geflügelleberterrine
Salat aus Mango, Anglerfilet und Garnelen
In Dillkraut gebeizter Lachs mit Fischmayonnaise
Sarde in saor
Goldbrassenfilets in Zitronen-Champagnersauce
Hummerterrine
Vitello tonnato
Schweinsschinken

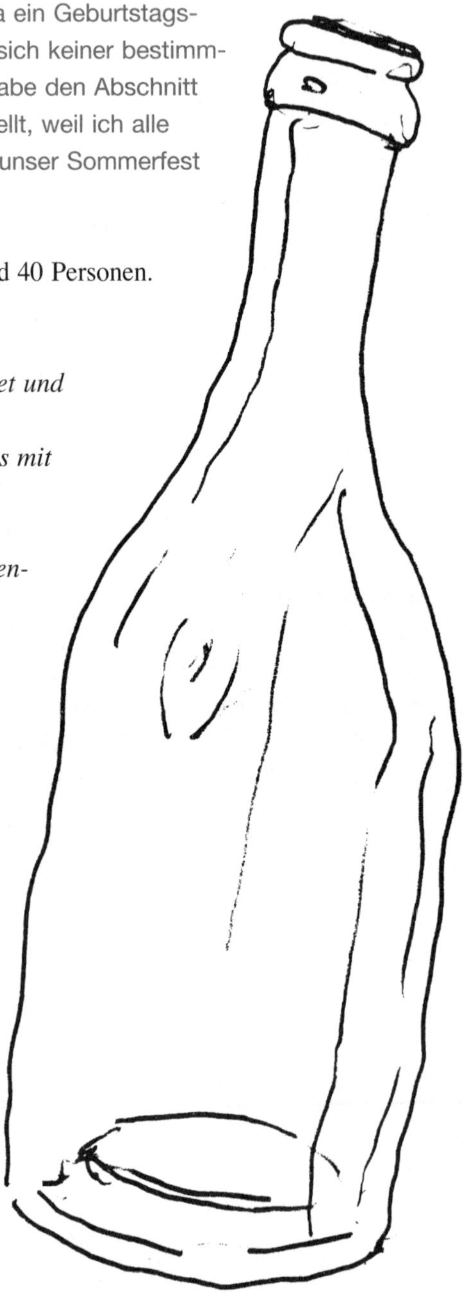

Geflügelleberterrine

300 g Geflügelleber (am besten schmeckt mir Entenleber, aber das Rezept funktioniert auch mit frischer Hühnerleber)
150 g Selchspeck
150 g Schalotten (oder Zwiebel)
1 Bund Thymian
Salz, Pfeffer aus der Mühle
100 ml Madeira
150 g Butter
3 Eiklar

Speck in kleine Würfel schneiden und in einer Pfanne vorsichtig zergehen lassen. Leber von Haut und Sehnen befreien, zusammen mit dem Thymian braten. Wenn sie auf allen Seiten angebraten ist, die fein geschnittenen Schalotten dazugeben, rösten, bis sie goldgelb sind. Mit Salz und Pfeffer aus der Mühle würzen.
Leber in einem Sieb abtropfen lassen (das abgetropfte Fett ergibt übrigens einen guten Aufstrich). Danach in ein schmales hohes Gefäß geben, mit dem Madeira begießen und 1 Stunde ziehen lassen.
Butter zimmerwarm werden lassen und zur Leber geben. Mit dem Stabmixer cremig mixen. Aus den 3 Eiklar einen halbfes-ten Schnee schlagen, vorsichtig unterziehen.
Eine Terrinenform mit Klarsichtfolie auslegen (ein paar Tropfen Wasser in die Terrine geben, dann legt sich die Folie besser an), die Masse einfüllen und mindestens 3 Stunden im Kühlschrank ziehen lassen.
Danach die Terrine auf einen passenden Teller stürzen, Folie vorsichtig abziehen, die Terrine erst auf dem Buffet schneiden. – Achtung: Wenn sie zu warm wird, verliert sie die Form!

Das gleiche Rezept minus Eiklar (und ohne Einfüllen in die Terrinenform) ergibt übrigens einen guten Geflügelleberaufstrich (so spart man sich auch den Stress, dass die Terrine nicht zu warm werden darf).

Salat aus Mango, Anglerfilet und Garnelen

1000 g Mango
1000 g Anglerfilet
1000 g Garnelen samt Schale
1 Bund Jungzwiebel
20 ml Zitronensaft
40 ml Olivenöl
20 ml Mangosirup
1 El Sweet and Hot Chili Sauce
40 ml Weißwein
Olivenöl zum Anbraten

Die Garnelen schälen, wenn nötig, entdärmen (am besten mit einem ganz kleinen Messer oder einem Zahnstocher, mit dem man am Ende des Schwanzes den Darm freilegt und herausholt). Anglerfilets in 4 cm große Würfel schneiden.
In einer Pfanne etwas Olivenöl erhitzen, darin die Garnelen auf beiden Seiten ganz kurz anbraten, sie sollen innen noch glasig sein. Garnelen zur Seite geben, in derselben Pfanne das Anglerfilet kurz anbraten (auch das sollte innen noch glasig sein).
In einer anderen Pfanne in ganz wenig Olivenöl die Garnelenschalen rösten. Mit dem Weißwein und dem Bratrückstand der Meerestiere ablöschen, 10 Minuten auf ganz kleiner Flamme zugedeckt köcheln lassen, danach den Fond abseihen. Aus dem Fond und Zitronensaft, Olivenöl, dem Mangosirup und Sweet and Hot Chili Sauce eine Marinade mixen. Mit Salz abschmecken.
Mango in 2 cm große Würfel, Jungzwiebeln in Ringe schneiden, mit den Meerestieren vermischen, alles mit der Marinade übergießen und mindestens 1 Stunde im Kühlschrank ziehen lassen.

In Dillkraut gebeizter Lachs mit Fischmayonnaise

2 Lachsfilets
140 g Salz
140 g Zucker
100 g frische Dille
Oliven- oder Rapsöl
1 Messerspitze Kurkuma

Wenn nötig, den Lachs vorsichtig schuppen (entsprechende Geräte gibt es im Fachhandel), andernfalls beim Aufschneiden darauf achten, dass keine Schuppen auf das zarte Filet gelangen. Danach mit den

Fingern nach Steggräten tasten und mit einer Grätenpinzette ziehen (daneben ein Schälchen mit heißem Wasser, in das die Pinzette immer wieder getaucht wird). Achtung: Auch direkt am Kopfansatz können sich Gräten verstecken!
Dillkraut fein schneiden. Lachsfilets mit der Hautseite nach unten in eine große Pfanne legen (wenn keine so große vorhanden ist, die beiden Filets in der Mitte durchschneiden und die ersten beiden Hälften nebeneinanderlegen). Auf das erste Filet die Hälfte der Dille streuen, danach Salz und Zucker darauf verteilen. Jetzt die restliche Dille auf die Salz-Zucker-Schicht geben und mit dem anderen Filet (Fleischseite auf Fleischseite) zuklappen. Beschweren (entweder es gibt eine passende zweite Pfanne, die man in die erste drückt und beschwert, oder man deckt die Filets mit einer doppelten Schicht Klarsichtfolie gut ab und gibt etwas Schweres darauf). Nach 12 Stunden das Lachspaket wenden (inzwischen hat sich etwas Flüssigkeit abgesetzt, und auch der obere Fisch kommt jetzt in den Saft) und noch einmal ca. 12 Stunden ziehen lassen. (Je länger man den Lachs ziehen lässt, desto salziger wird er, desto länger hält er dann aber auch.)
Anschließend Marinade abstreifen. Die Flüssigkeit in ein hohes, schmales Gefäß geben und als Basis für eine Fischmayonnaise nehmen: Flüssigkeit und eine Messerspitze Kurkuma mit dem Stabmixer aufrühren, langsam Oliven- oder Rapsöl einmixen, bis die Sauce dick bindet. (Da sich in der Flüssigkeit genug Fischeiweiß absetzt, braucht man nicht einmal einen Dotter.)
Den Lachs mit Zitronen- und Limettenscheiben sowie Dillkraut garnieren und erst auf dem Buffet mit einem scharfen Messer schneiden. Eine Schale mit der Fischmayonnaise danebenstellen.

Sarde in saor

(Rezept Seite 25)

Goldbrassenfilets in Zitronen-Champagnersauce

Bei Miras Vater kommt es vor, dass ihm Champagner zu alt wird. Zum Wegschütten ist er immer noch viel zu schade, er hat zwar seine Fruchtigkeit verloren, aber nicht das Aroma (das trifft natürlich auch auf zu lange „gereiften" Sekt zu). Was also liegt näher, als ihn zu verkochen?

2000 g Goldbrassenfilet (oder anderes weißfleischiges Fischfilet)
1 Flasche Champagner (der auch schon älter sein kann)
2 Bio-Zitronen
6 Blatt Gelatine
20 ml Olivenöl
Salz
4 Knoblauchzehen
1 Peperoncino

Goldbrassenfilets auf der Hautseite knusprig braten, wenden, für nur 30 Sekunden braten, danach zur Seite geben. Knoblauch feinblättrig schneiden und mit dem Peperoncino im Bratrückstand ganz kurz anbraten (der Knoblauch darf nicht braun werden!). Mit dem Champagner ablöschen. Die Zitronen gut waschen und die Schale (ohne weiße Haut, die ist bitter) mit dem Zestenschäler in dünnen Streifen abschälen (oder mit dem Sparschäler schälen und dann in lange dünne Streifen schneiden), dazugeben, alles aufkochen. Vom Herd nehmen und die in kaltem Wasser aufgeweichte Gelatine in den Champagnerfond rühren. Wer den Fond ganz klar haben will, seiht ihn durch ein Etamintuch.
Fischfilets in eine tiefe Schüssel schichten und über jede Lage Champagnerfond gießen, zum Schluss mit Zitronenzesten dekorieren und einige Stunden gut durchkühlen lassen.

Hummerterrine

Eine Hummerterrine kommt auch im Krimi „Freudsche Verbrechen" vor. Ich habe sie mir als enthusiastische Hobbyköchin weitgehend selbst zusammengedacht, sie immer wieder zubereitet und dafür viel Lob bekommen. Inzwischen zur „Profi"-Köchin gereift, weiß ich, dass sie keinesfalls State of the Art ist. In leichter Abwandlung stehe ich trotzdem weiterhin zu dem Rezept, auch wenn sich (fast) immer in der Terrine etwas klar gelierte Flüssigkeit absetzt (einst dachte ich, das sehe besonders gut aus, heute weiß ich, dass das sozusagen ein Kunstfehler ist).

3000 g Hummer, roh, tiefgekühlt samt Schale (so ist er auch recht günstig)
3 Karotten
2 Zwiebeln
2 Stangensellerie
40 g Butter
60 ml Cognac
1 l Wasser
18 Blatt Gelatine
1/2 Obers
15 Pfefferkörner
10 Neugewürzkörner
Salz

Hummer auftauen lassen. Gut waschen. Karotten und Zwiebeln schälen und zusammen mit dem Stangensellerie in grobe Würfel schneiden. Den Hummer zerteilen: Zuerst den Schwanz abschneiden und auslösen. Dann die Beine ausreißen, die Scheren abzwicken und den Körper öffnen. Evtl. vorhandenen Darminhalt (nicht das grüne Corail) entfernen. Butter in einem Druckkochtopf erhitzen, das Gemüse anrösten. Den Körper, die Beine, die Scheren und den Schwanzpanzer dazugeben, mitrösten, bis alle Teile schön rot sind. Mit dem Cognac ablöschen. Ein langes Zündholz nehmen und rasch die Flüssigkeit anzünden, flambieren. Mit Wasser aufgießen, sodass die Hummerteile gerade bedeckt sind. Mit Pfefferkörnern, Neugewürzkörnern, Salz würzen. 20 Minuten unter Druck kochen.

Den Hummerfond abseihen, noch einmal zum Kochen bringen. Evtl. nachsalzen. Für 5 Minuten den rohen Hummerschwanz einlegen und auf ganz kleiner Flamme ziehen lassen. Hummerschwanz zur Seite geben.

Gelatine in kaltem Wasser einweichen. Eine Terrinenform mit Klarsichtfolie auslegen (am besten zuerst ein paar Tropfen Wasser in die Terrine geben). Die ausgedrückten Gelatineblätter im warmen Hummerfond auflösen. Abkühlen lassen (bis der Fond lauwarm ist). Obers halbfest schlagen und vorsichtig mit dem Sud verrühren. Dann

die Masse 2 cm dick in die Form gießen und für 10 Minuten in den Gefrierschrank geben. Sie muss „angezogen" haben, damit die Hummerteile nicht auf den Boden sinken.
Hummerschwanz in feine Scheiben schneiden und auf der fest gewordenen Schicht verteilen. Mit dem Rest der Masse begießen. Mit Klarsichtfolie abdecken und im Kühlschrank ca. 3 Stunden erkalten lassen.

Vitello tonnato

(Rezept Seite 33)

Schweinsschinken

1 ganzer Schweinsschinken (Schweinsschlegel = Keule) ohne Knochen, aber mit Schwarte
1 Flasche Rotweinlikör
60 ml Rapsöl
Salz
1 El gemahlener Galgant
1 El Neugewürz aus der Mühle
1 El grober schwarzer Pfeffer aus der Mühle

In einer großen Pfanne Wasser (ca. 5 cm hoch) mit etwas Rotweinlikör zum Kochen bringen. Schinken hineinlegen, 20 Minuten kochen. Danach lässt sich die Schwarte gut mit einem scharfen Messer einschneiden (kreuz und quer, bis zentimetergroße Schwartenvierecke entstehen). Rotweinlikör mit den Gewürzen vermischen, über den Schweinsschinken gießen und diesen kühl mindestens 12 Stunden ziehen lassen.
Backrohr auf 240 Grad vorheizen. Schinken mit dem Rapsöl und etwas von der Marinade ins Backrohr schieben und die Hitze sofort auf 120 Grad reduzieren. Pro kg 1 Stunde braten. Ab und zu begießen, mehr von der Marinade beigeben. Noch warm oder kalt aufschneiden. Bei dieser Art von Buffet darf natürlich viel frisches Brot nicht fehlen. Und es lässt sich beliebig ergänzen: um Süßes, um Käse, um den Trüffel-Nudelsalat von Seite 43, um einen Lammschlegel wie auf Seite 97.

Meine Weinempfehlung zu diesem Buffet

Zuerst – natürlich – Weinviertler Winzersekt oder ein Frizzante aus der Gegend. Ein jung-fruchtiger Wein, entweder ein Welschriesling oder ein ganz leichter Veltliner.

Ein Weinviertel DAC darf keinesfalls fehlen, daneben ein leichter Sauvignon oder Weschriesling und vielleicht noch eine der weißen Kraftbomben: Veltliner oder Riesling, vollfruchtig und trotzdem trocken.

Bei den Rotweinen muss es ein Zweigelt sein, eher klassisch und nicht in Barrique ausgebaut, dazu ein Merlot oder Cabernet – da gibt es im Weinviertel Großartiges zu entdecken – und vielleicht ein Cuvée.

Und für alle, die dazwischen etwas zum Verdauen brauchen: ein Trebernbrand aus der Gegend und ein Beerenbrand.

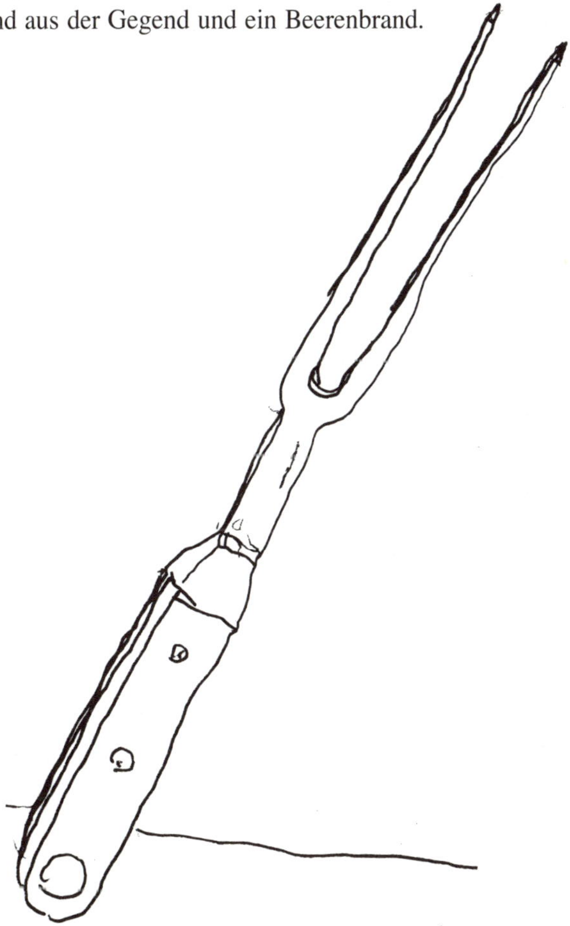

Das große „Apfelbaum"-Menü

Dieses Menü ist wohl eines der wichtigsten aus meinen Krimis: Mira und ihre Freundin, Köchin und Wirtin im Weinviertler Gasthaus „Apfelbaum", warten nach einer Menge unschöner Vorfälle auf Gäste eines schon lange geplanten Kulinariums.

In der nächsten Stunde bleibt das Telefon gespenstisch still. Gibt es niemanden, der spontan Lust hat, zu uns essen zu kommen? Nach dieser Kritik? Und immerhin: Die Eventseite des „Magazins" wird auch von ein paar hunderttausend Menschen gelesen.
Egal, weitermachen. Ich gehe mit dem von Billy handgeschriebenen Zettel zum PC und entwerfe eine Menükarte, am Computer bin ich ihr eindeutig überlegen. Wenigstens da.

Mousse von der Rehleber mit Brombeerchili
*
Trüffel-Grieß-Knöderl in klarer Steinpilzsuppe
*
Blutwurstsoufflé
*
Krebse in eigener Sauce, mit Weinviertler „Cognac" verfeinert
*
Paradeisterrine
*
Pillichsdorfer Wachteln neben Rollotto (Rollgerstl Risotto)
*
Frau Apfelbaums klassisches Topfenwandl
*
Käse aus der Gegend und aus Frankreich

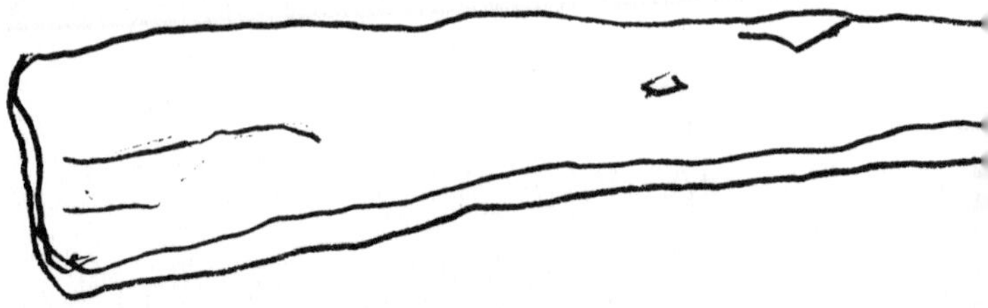

Und dann, quasi im letzten Moment, läutet doch noch das Telefon, es läutet immer wieder und bald ist das Lokal ausgebucht und die Hektik in der Küche beginnt.

Das ganze Haus summt vor Gästen, es ist nicht laut, aber voll, endlich wieder lebendig. Auch Einheimische sind gekommen, unter ihnen der Gemeindearzt. Man spricht über die Weine und das Essen. Melonen, die durch Fenster fliegen, entwendete Mordwerkzeuge und durchgeschnittene Kühlleitungen sind heute kein Thema, oder jedenfalls nicht das zentrale.

Mousse von der Rehleber mit Brombeerchili

Das Rezept ist für ca. 12 Personen, das Mousse lässt sich gut einige Tage aufbewahren.

400 g Rehleber (ersatzweise Hirsch- oder Ochsenleber)
200 g Butter
200 g gekochter Beinschinken
200 g Zwiebel
40 ml Cognac
2 Zweige Thymian
3 Lorbeerblätter (wenn möglich, frisch)
Salz, schwarzer Pfeffer aus der Mühle

*

250 g Brombeeren
40 ml Rotwein
2 El Gelierzucker 3:1
1–2 Peperoncini (je nachdem, wie scharf man es mag)
Salz

Leber von allen Haut- und Sehnenstücken befreien, in 2 cm große Würfel schneiden. Butter erhitzen, die ganz fein geschnittene Zwiebel mit den 2 Thymianzweigen und den Lorbeerblättern auf kleiner Flamme weich dünsten, ohne dass sie Farbe bekommt. Leber dazugeben, weiter auf kleiner Flamme anbraten. Schinken mit dem Fettrand

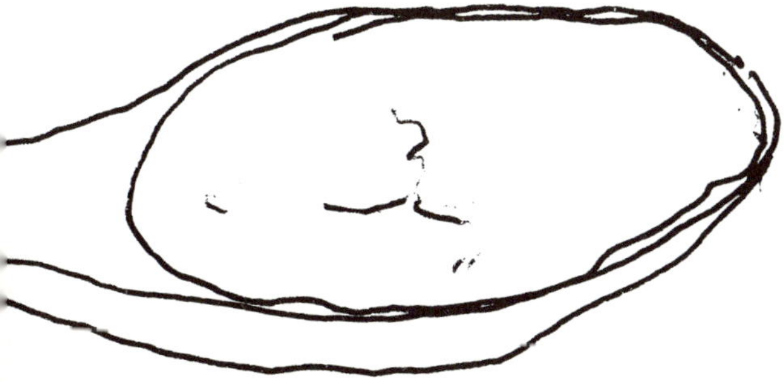

faschieren oder ganz fein schneiden, einrühren. Thymian und Lorbeer entfernen, mit Salz und Pfeffer würzen. Das Angebratene in ein hohes, schmales Gefäß geben, den Cognac darübergießen, mit dem Stabmixer cremig mixen. Im Kühlschrank mindestens 2 Stunden ziehen lassen.
Peperoncini fein schneiden und zusammen mit den Brombeeren aufkochen. Mit dem Wein aufgießen, wenn alles wieder kocht, den Gelierzucker und eine Prise Salz dazugeben, 4 Minuten kochen lassen. Danach abkühlen und gelieren lassen.
Wer etwas gegen die Kerne in den Brombeeren hat, kann alles warm durch ein Sieb passieren.

Trüffel-Grieß-Knöderl in klarer Steinpilzsuppe

500 g Steinpilze (sie können ruhig etwas größer oder weicher sein, müssen aber gut riechen!)
vegetarische Suppenwürze
1 Karotte
1 Zwiebel
10 ml Olivenöl
40 ml Madeira
Kümmel im Ganzen
3 Neugewürzkörner
10 Pfefferkörner
Salz
1 Ei
10 g Butter
1 Tl Trüffelpaste (oder frische Trüffel)
100 g Grieß
1 Semmel (70 g Weißbrot)

Karotte gut waschen, ebenso wie die Zwiebel in grobe Würfel schneiden und in Olivenöl anrösten. Pilze gut putzen, die schönsten Teile (etwa 100 g) zur Seite geben, den Rest kurz mitrösten. Mit Madeira ablöschen, mit 700 ml Wasser auffüllen. Mit 1 Tl Gemüsewürze, Kümmel, Neugewürz, Pfeffer, Salz würzen. 1 Stunde ohne Deckel verkochen lassen. Danach durch ein Haarsieb oder Etamintuch seihen, abschmecken.
Semmel in Wasser einweichen, gut ausdrücken. Alle Zutaten für die Trüffel-Grieß-Knöderl gut vermischen (am besten in einer großen Schüssel mit einem stabilen Schneebesen), 20 Minuten ziehen lassen.
Ein Probeknöderl in Salzwasser geben und bei ganz kleiner Flamme

gar ziehen lassen (das Wasser sollte nicht lebhaft kochen, nur perlen). Sollte das Knöderl zerfallen, noch etwas Grieß beigeben.
Klare Steinpilzsuppe noch einmal aufkochen, feinblättrig geschnittene Steinpilze einlegen, nicht mehr kochen lassen, sondern sofort mit den gekochten Trüffel-Grieß-Knöderln und evtl. mit frisch darübergeriebener Trüffel anrichten.

Blutwurstsoufflé

150 g feine Blutwurst
2 Eier
100 ml Obers
20 ml Cognac
Salz, schwarzer Pfeffer aus der Mühle
2 Zweige Majoran
Butter zum Ausschmieren
4 Majoranzweige zum Garnieren

Blutwurst ohne Haut in kleine Würfel schneiden. Obers mit Majoranzweigen und Cognac vorsichtig erwärmen und die Blutwurstwürfel darin aufkochen. Majoranzweige entfernen, mit Pfeffer und Salz abschmecken, mit dem Stabmixer pürieren. Abkühlen lassen (unter 50 Grad), die Eidotter einmixen, das geschlagene Eiklar unterziehen. 2 Porzellanförmchen mit Butter ausschmieren. Die Masse einfüllen und jede Form in der Mikrowelle (je nach Größe der Form) 3–4 Minuten garen (mit jeder zusätzlichen Form erhöht sich die Garzeit um 1 Minute). Wer es trotz der in dem Fall besonders praktischen Strahlen lieber klassisch hat, gart das Soufflé im vorgeheizten Rohr bei 160 Grad ca. 15 Minuten.
Porzellanförmchen auf einem großen Teller mit Spitzenpapier anrichten, den Teller mit Majoranzweigen garnieren, evtl. mit hauchdünn geschnittenem, knusprig getoastetem Schwarzbrot ergänzen.
Die noch schnellere Variante: In die abgekühlte Blutwurst-Obers-Masse 2 ganze Eier einmixen, danach die Masse in kleine Silikonförmchen füllen und 3 Minuten in der Mikrowelle (für jedes weitere Förmchen 1 Minute mehr) garen. Die Soufflés stürzen und – evtl. jeweils auf einer großen dünnen Scheibe getoastetem Schwarzbrot – anrichten.

Krebse in eigener Sauce, mit Weinviertler „Cognac“ verfeinert

6 Flusskrebse – klassisch: lebend, so schmecken sie am besten; für alle, die es lieber haben, wenn sie schon von anderen Menschen getötet worden sind (wie auch immer): tiefgefroren
2 l Salzwasser
1 Zitrone
1 El vegetarische Suppenwürze
40 g Butter
20 ml Olivenöl
60 ml Weinviertler „Cognac“ (also ein Trauben- oder Tresterbrand, der im Eichenfass gereift ist; einen der Ersten habe ich beim Weinbaupräsidenten Pleil kennengelernt, und ich halte ihn auch heute noch für eine Köstlichkeit, die locker mit gutem echtem Cognac mithalten kann)
1 Tl Agar-Agar
Salz, schwarzer Pfeffer aus der Mühle

Wasser mit Gemüsewürze und Zitrone zum Kochen bringen, salzen. Die lebenden Krebse in das heftig wallende Wasser einlegen, Deckel drauf – so sind sie sofort tot (unbedingt auf die ausreichende Menge Wasser achten und darauf, dass es stark kocht). Andernfalls die halb aufgetauten Krebse einlegen. 4 Minuten kochen lassen. Den Topf vom Herd nehmen und die Krebse im Wasser lauwarm werden lassen.
Krebsschwänze abbrechen, Schalen bis auf die Schwanzflosse entfernen, wenn nötig Därme ziehen (siehe Seite 54). 4 besonders schöne Scheren für die Garnitur zur Seite geben.
Butter und Öl in einer Pfanne erwärmen, die Karkassen der Krebse (also alles bis auf die Schwänze) gut durchrösten. Mit dem „Cognac“ ablöschen, 100 ml vom Kochfond dazugeben und 10 Minuten kochen lassen. Danach durch ein Haarsieb seihen und die Karkassen gut ausdrücken. Den Krebsfond noch einmal zum Kochen bringen. Agar-Agar in etwas „Cognac“ oder Kochfond auflösen und 5 Minuten verkochen. Sauce vom Herd nehmen, die Krebsschwänze einlegen und wärmen, aber nicht mehr kochen.
Sauce auf kalten Tellern anrichten (wenn die Sauce lauwarm ist, geliert das Agar-Agar, wie es soll), die Krebsschwänze darauflegen. Mit den Scheren dekorieren. Am besten passt dazu frisches Weißbrot.

Paradeisterrine

Rezept für 4–6 Personen

200 g Tomaten
200 ml pürierte Tomaten (Glas oder Tetrapack, jedenfalls ohne irgendwelche Geschmackszutaten)
100 g Zwiebel
2 Knoblauchzehen
20 g Butter
Agar-Agar (Menge für 300 ml Flüssigkeit nehmen)
40 ml Noilly Prat
Salz
Zucker
weißer Pfeffer aus der Mühle
Basilikumblätter zum Garnieren

Tomaten schälen (Wasser zum Kochen bringen, Tomaten an der Spitze kreuzförmig einschneiden, für ca. 30 Sekunden einlegen, in eiskaltem Wasser abschrecken, Haut abziehen), Kerne entfernen, die Frucht vierteln. Zwiebel in grobe Würfel schneiden und in der Butter goldgelb rösten, zum Schluss 1 El Zucker und die Knoblauchzehen kurz mitrösten. Mit den passierten Tomaten aufgießen, würzen, auf kleiner Flamme kochen lassen, bis die Zwiebelwürfel ganz weich sind. Agar-Agar mit Noilly Prat (oder einem anderen trockenen Wermut) glatt rühren und in den kochenden Tomatensaft einrühren. Ca. 5 Minuten kochen lassen, danach mit dem Stabmixer pürieren. Weiter kochen lassen, die Paradeiserviertel einlegen und 2 Minuten mitkochen.

Terrinenform mit Klarsichtfolie auslegen (dafür am besten einige Tropfen Wasser in die Terrine geben). Masse einfüllen und einige Stunden kühl stellen. Terrine in Scheiben schneiden und mit frischem Basilikum anrichten.

Auch ein Bouquet vom Basilikumsalat passt gut dazu: Vogerlsalat und Basilikumblätter 1:1 mischen, durch eine Marinade aus Zitronensaft, Olivenöl und etwas Salz ziehen.

Pillichsdorfer Wachteln neben Rollotto (Rollgerstl-Risotto)

Unter 4 Wachteln zahlt sich die Patzerei nicht aus. Und: Man kann sie gut aufwärmen oder am nächsten Tag kalt essen.

4 Wachteln
100 g Truthahnbrustfilet
100 ml Obers
Salz
etwas Paprikapulver
10 frische Salbeiblätter
2 Eiswürfel
Butter zum Ausschmieren
40 ml Olivenöl
grobes Meersalz

150 g Rollgerste
100 g Zwiebel
1 Knoblauchzehe
100 ml trockener Weißwein
ca. 1 l Gemüsefond (ersatzweise biologische vegetarische Suppenwürze mit Wasser verkochen)
60 g Butter
20 ml Rapsöl
40 ml Obers
1 Bund frischer Thymian
Salz
1/2 Tl Kurkuma

Die Wachteln entbeinen. Dafür mit einer Schere das Rückgrat herausschneiden (der Hals wird so automatisch mitgeschnitten), mit den Fingern die feinen Knochen – abgesehen von den Schenkelknochen – entfernen.
Die Zutaten für die Farce immer eiskalt verarbeiten! 100 g Truthahnbrustfilet in kleine Stück schneiden oder faschieren, mit 50 ml Obers, Salz, etwas Paprikapulver, 5 geschnittenen Salbeiblättern und den Eiswürfeln vermischen, in der Moulinette portionsweise fein pürieren, die Farce danach mit noch einmal 50 ml Obers abrühren (die Farce soll so locker wie möglich sein, darf aber nicht zerlaufen – wie viel Obers die Masse aufnimmt, hängt u. a. von der Verarbeitungstemperatur ab).
Eine Form, in der die Wachteln gedrängt Platz haben, dick mit Butter ausschmieren, die Wachteln mit der Farce füllen und mit der Bauchseite nach unten nebeneinanderlegen. Mit Meersalz salzen,

mit Butterflocken belegen, Olivenöl und die restlichen Salbeiblätter darüber. 15 Minuten im auf 220 Grad vorgeheizten Rohr backen, danach die Temperatur auf 80 Grad reduzieren und die Wachteln 30–45 Minuten gar ziehen lassen.
Gemüsefond zum Kochen bringen und während des ganzen Vorgangs leicht vor sich hin köcheln lassen. In 20 g Butter und dem Rapsöl die fein geschnittene Zwiebel, Knoblauch und Thymian anrösten, dann Rollgerste hinzufügen und durchrösten, bis die Körner glasig sind. Mit Weißwein ablöschen, rühren, einige Minuten einreduzieren lassen, etwas salzen und Kurkuma einrühren. In der Folge immer wieder mit einem Schöpfer kochender Suppe aufgießen, rühren. Wenn die Flüssigkeit einreduziert ist, wieder aufgießen, bis die Rollgerste weich, aber noch bissfest ist. Die Konsistenz sollte sämig sein, auf keinen Fall darf alle Flüssigkeit aufgesogen sein. Vom Feuer nehmen. Die restliche Butter und das Obers einrühren. Evtl. etwas nachsalzen. Auf gewärmten Tellern in der Mitte das Rollotto anrichten, eine Wachtel daraufsetzen, mit etwas vom abgesetzten Natursaft begießen.
Sehr schön als essbare Dekoration: 4 Salbeiblätter in Öl knusprig braten, auf Küchenpapier gut abtropfen lassen und je eines auf die Wachtel legen.

Frau Apfelbaums klassisches Topfenwandl

Das Rezept reicht für ca. 10 Personen. Wer keine Lust hat, die nächsten Tage auch noch Topfenwandl zu essen, der kann es einfrieren. Sehr gut schmeckt es auch als Halbgefrorenes

500 g Bauerntopfen (ersatzweise 20-%-Topfen)
300 g Marillen
300 g Waffeln (trockene, ohne jede Füllung oder Zutat gibt es im Supermarkt)
Marillenschnaps zum Beträufeln der Waffeln
100 g Staubzucker
1 Paket Bourbon-Vanillezucker
3 Dotter
250 ml Obers
12 Blatt Gelatine
250 ml Weißwein
100 g Gelierzucker 3:1
1 Stange Zimt

Weißwein mit Gelierzucker, Zimt und etwas Marillenschnaps aufkochen. Marillen entkernen, halbieren und dazugeben. 3 Minuten kochen lassen, zur Seite stellen.
8 Blatt Gelatine in eiskaltem Wasser einweichen, ausdrücken und in 100 ml vom noch heißen Marillengelee auflösen. Dotter und Zucker aufschlagen, den Topfen dazugeben sowie das Marillengelee, alles gut durchrühren. Obers schlagen, vorsichtig daruntermengen. Unter das restliche warme Marillengelee mit den Marillen die 4 weiteren eingeweichten Gelatineblätter mischen.
Ein „Wandl“ (eine Terrinenform) mit ein paar Tropfen Wasser befeuchten und mit Klarsichtfolie auslegen. Die Waffeln mit dem Marillenschnaps großzügig beträufeln und Boden und Wände des Wandls damit auslegen. Etwas vom Marillengelee darauf verteilen. Die Hälfte der Topfenmasse einfüllen, dann wieder eine Lage Waffeln, etwas vom Gelee darauf verteilen, mit der restlichen Topfenmasse auffüllen. Die übrigen Waffeln auflegen und darauf die halbierten Marillen mit der runden Seite nach oben dicht nebeneinandersetzen. Für einige Stunden kühlen, dann vorsichtig aus der Form heben und schneiden. Evtl. mit frischen Minzeblättern dekorieren.
Natürlich kann man den Schnaps auch weglassen, dann tränkt man die Waffeln am besten mit Marillennektar.
Und: Das Wandl lässt sich auch mit anderen Früchten der jeweiligen Saison zubereiten.

Käse aus der Gegend und aus Frankreich

Lassen Sie sich nicht nur vom internationalen Käseangebot verführen, sondern suchen Sie auch nach Käse aus der eigenen Umgebung; inzwischen gibt es darunter Erstaunliches zu entdecken. So hat in meiner Nähe, in Obersdorf bei Wolkersdorf, die Familie Rögner Käse, für den sich auch ein größerer Umweg lohnt.
Ganz wichtig: Geben Sie dem Käse die Chance, sein Aroma zu entfalten. Bis auf Frischkäse braucht er einige Stunden Zimmertemperatur; fest schließende Verpackungen öffnen.

Und noch ein Tipp: Käse kann man sehr gut selbst reifen lassen, wenn man ihn mehrere Tage 6–8 Stunden aus dem Kühlschrank nimmt und dann wieder kühl stellt.

Bürgermeistermenü mit Pilzen

Im Krimi „Ausgekocht“ geht es einigen der versammelten Bürgermeister nach diesem Menü nicht wirklich gut, das hat aber weder mit den Zutaten der Speisen noch mit der Zubereitung zu tun, sondern lediglich mit etwas Kriminellem, über das wir uns hier, abseits von Miras Fällen, gar keine Gedanken machen müssen.

Strudel mit Hühnerfarce
Weißbrotscheibchen mit Kalbsleber
Mit Käse gefüllte heimische Weinblätter
Paradeisterrine mit Lachstatar
Kalbsrücken mit sautierten Steinpilzen und Kartoffelnudeln
Marillenparfait

Strudel mit Hühnerfarce

100 g Strudelblatt (Fertigteig, tiefgekühlt)
1 Hühnerbrust
100 ml Obers
2 Jungzwiebeln
1/2 Tl Kurkuma
Koriander aus der Mühle
Salz, schwarzer Pfeffer aus der Mühle
1 Ei
10 g Butter

Hühnerbrust, ganz kalt, möglichst klein schneiden. Portionsweise im Kleincutter (Moulinette o. Ä.) zusammen mit den Gewürzen und 50 ml ganz kaltem Obers zu einer Farce verarbeiten. Den Rest des Obers und die fein geschnittenen Jungzwiebeln rasch einrühren. (Je kälter

eine Farce, desto besser lässt sie sich verarbeiten.) Strudelblatt auslegen und mit zerlassener Butter bestreichen. Die Farce aufstreichen und den Strudel gut zusammenrollen. Enden einbiegen, sodass keine Fülle nach außen kann. Strudel vorsichtig mit der Nahtseite nach unten auf ein Backblech mit Backpapier oder einer Silikonmatte legen. Mit verquirltem Ei bestreichen. Im vorgeheizten Rohr bei 180 Grad knusprig braun backen.
Ausgekühlt aufschneiden und als Appetithappen servieren.
(Mit Salaten wird eine Vorspeise daraus.)

Weißbrotscheibchen mit Kalbsleber

4 Scheiben Toskanabrot oder ein anderes lockeres Weißbrot
20 ml Olivenöl
4 Zweige Thymian
100 g Kalbsleber ohne Haut und Sehnen
Salz, schwarzer Pfeffer aus der Mühle

Die Leber in 4 Stücke schneiden, sie sollten ca. 2 cm dick sein. Mit dem Thymian in 10 ml Olivenöl auf beiden Seiten anbraten, danach salzen und pfeffern und am Herdrand 5 Minuten ziehen lassen.
Brot in 10 ml Olivenöl auf beiden Seiten in der Pfanne knusprig braten. Auf Tellern anrichten, auf jede Brotscheibe ein Leberstück und einen Thymianzweig legen.
Warm als Appetithappen oder kleine Vorspeise (evtl. zusammen mit anderen Bruschette, z. B. der klassisch-einfachen Variante: Tomatenwürfel mit Basilikum) servieren.

Mit Käse gefüllte heimische Weinblätter

Die Weinblätter werden im Frühjahr, wenn sie jung sind und bevor die Winzer ihre Reben spritzen, geerntet. Man kocht Weinessig auf, gibt einige Senf- und Pfefferkörner dazu, legt die Weinblätter ein, nimmt alles sofort vom Feuer und füllt die Blätter ganz dicht in

Schraubverschlussgläser. Obenauf kommt eine Schicht Olivenöl. Gläser so heiß wie möglich schließen.
Wer keine Möglichkeit hat, die Weinblätter selbst einzulegen, kauft fertige.

6 eingelegte Weinblätter
100 g heimischer Ziegenkäse, der zum Grillen geeignet ist (ersatzweise Halloumi)
20 ml Olivenöl
schwarzer Pfeffer aus der Mühle
evtl. Salz

Olivenöl in eine passende kleine Backform geben (die Weinblätter sollen dicht an dicht liegen). Jedes Weinblatt mit einem Stück Käse belegen, pfeffern, evtl. salzen (Halloumi ist meist salzig genug). Aus jedem Weinblatt ein kleines Paket falten, mit der Nahtstelle nach unten in die Backform setzen. Mit Öl bestreichen. Rohr auf 200 Grad vorheizen und 10 Minuten backen.
Weinblätter als Appetithappen oder Teil einer gemischten Vorspeise reichen. Am besten schmecken sie noch warm.

Paradeisterrine mit Lachstatar

Paradeisterrine Rezept Seite 65

100 g Lachsfilet
1 Tl Sweet and Hot Chili Sauce
1 Tl Cognac
1 Jungzwiebel
1 Tl Zitronensaft
Salz

Lachs mit dem Messer ganz fein hacken. Jungzwiebel in feine Ringe schneiden, alle Zutaten mit dem Lachstatar gut durchmischen. 30 Minuten ziehen lassen.
Eine Schnitte (ca. 2 cm dick) der Terrine und daneben einen Gupf Lachstatar (am besten mit dem Eisportionierer, der in kaltes Wasser getaucht wird) anrichten. Mit frischen Kräutern oder mit einem mit Balsamico besprühten Salatbouquet anrichten.

Kalbsrücken mit sautierten Steinpilzen und Kartoffelnudeln

300 g ausgelöster Kalbsrücken
200 g kleine, feste Steinpilze
20 ml Olivenöl
60 g Butter
50 g Zwiebel
1 Knoblauchzehe
Salz, schwarzer Pfeffer aus der Mühle
gemahlener Kümmel
60 ml weißer Portwein

Für die Kartoffelnudeln siehe Rezept für Kartoffelteig, Seite 173 – plus 1 El Kartoffelstärke.
Kalbsrücken im Ganzen in 10 ml Olivenöl und 10 g Butter auf allen Seiten anbraten, salzen und pfeffern. Fleisch in eine feuerfeste Form umlegen und bei 75 Grad im Rohr 1 Stunde rosa ziehen lassen. Bratrückstand zur Seite stellen.
Steinpilze putzen und in dicke Scheiben schneiden. In 10 ml Olivenöl und 10 g Butter fein geschnittene Zwiebel glasig rösten, die Steinpilze und den klein gehackten Knoblauch zusammen mit den Gewürzen ca. 3–5 Minuten sautieren und so rasch wie möglich servieren.
Kartoffelteig zu einer Rolle formen, Stücke abschneiden und jeweils zu einer länglichen dicken Nudel formen. In Salzwasser kochen, bis sie aufsteigen, dann sofort in 20 g Butter und etwas Salz schwenken.
Pfanne mit dem Bratrückstand erwärmen, den Saft, der sich beim Garziehen gebildet hat, dazugießen. Aufkochen. Weißen Portwein dazu, 5 Minuten einreduzieren lassen, vom Feuer nehmen und die Sauce mit 20 g Butter in Würfeln, am besten mit dem Schneebesen, binden.
Kalbsrücken in 2 Tranchen schneiden.
Auf heißen Tellern die Karoffelnudeln in der Mitte anrichten, rundherum sautierte Steinpilze verteilen. Den Kalbsrücken auf die Kartoffelnudeln legen. Mit der Sauce begießen.

Im Krimi „Ausgekocht“ bekommen die Bürgermeister dazu noch eine von Billy Winter verbesserte Pilzcreme. Die lasse ich hier weg, wer wissen will, warum, muss lesen …

Marillenparfait

200 g vollreife Marillen
200 g Obers
20 ml Marillenbrand oder Marillensaft
2 Pkg. Vanillezucker mit echter Bourbon-Vanille
4 festere Marillen
4 Gewürznelken
1 Stange Zimt
20 ml Marillenbrand oder Marillensaft

Vollreife Marillen schälen (wenn sie wirklich reif sind, geht das auch so, ansonsten blanchiert man sie in kochendem Wasser 30 Sekunden und gibt sie dann in eiskaltes Wasser) und in kleine Würfel schneiden. Mit dem Marillenbrand und dem Vanillezucker stabmixen. Obers halbfest schlagen und vorsichtig unterziehen. Eine Terrinenform mit ein paar Tropfen Wasser befeuchten und mit Klarsichtfolie auskleiden. Die Masse einfüllen und mindestens 6 Stunden frieren.
10 Minuten vor dem Anrichten aus dem Gefrierschrank nehmen, Klarsichtfolie abziehen, Parfait in Scheiben schneiden.
Marillen vierteln, mit dem Marillenbrand und den Gewürzen kurz aufkochen, als frischen Röster neben dem Parfait anrichten.

*

Zanderfilet in Winzersektgelee

200 g Zanderfilet (2 Stück zu je 100 g)
500 ml Winzersekt
1/2 Zwiebel
1 Karotte
1 gelbe Rübe
1/2 Stangensellerie
3 Blatt Gelatine
8 Pfefferkörner
4 Neugewürzkörner
Salz
1 Limette
1 Tl Olivenöl

Zwiebel schälen, in grobe Würfel schneiden und in möglichst wenig Öl hell anbraten (nicht braun werden lassen). Mit 300 ml Winzersekt aufgießen. Karotte und gelbe Rübe schälen, zusammen mit der Selleriestange, den Pfeffer- und Neugewürzkörnern und etwas Salz 15 Minuten auf kleiner Flamme kochen lassen.
Die Zanderfilets einlegen und in dem Fond 5 Minuten pochieren (die Flüssigkeit darf nur leicht perlen). Jedes Filet vorsichtig in einen großen Suppenteller heben.
Gelatine in kaltem Wasser einweichen. Fond mit den restlichen 200 ml Winzersekt auffüllen, noch einmal aufkochen lassen, durch ein Sieb seihen. Gelatine ausdrücken, im noch heißen Fond auflösen.
Karotte und gelbe Rübe mit dem Sparschäler in dünne lange Strei-fen schneiden und um die Fischfilets legen. Fond über die Zanderfilets gießen; sie sollten bedeckt sein.
Im Kühlschrank einige Stunden ziehen lassen, mit dünnen Limettenscheiben garnieren.
Variante: Statt auf einzelnen Suppentellern lassen sich die Zanderfilets auch alle zusammen auf einer tiefen Platte anrichten und mit dem Winzersektgelee überziehen.
Dazu natürlich den gleichen Winzersekt servieren.

Weinviertel-DAC-Suppe mit luftgetrocknetem Schinken

100 ml Weinviertel DAC (= Grüner Veltliner)
300 ml Gemüsefond (Rezept Seite 168, ersatzweise Wasser mit vegetarischer Suppenwürze 15 Minuten verkochen)
100 g Mischbrot
1 Zwiebel
2 Knoblauchzehen
20 g Butter
50 ml Obers
40 g luftgetrockneter Weinviertler Schinken, ganz fein geschnitten
Salz, schwarzer Pfeffer aus der Mühle
Muskatnuss

Zwiebel und Knoblauch fein schneiden, in der Butter goldgelb anrösten. Brot in dünne Scheiben schneiden, kurz mitrösten. Mit Weinviertel DAC ablöschen. Mit Gemüsefond, Pfeffer aus der Mühle, Salz

abschmecken. 15 Minuten verkochen lassen. Mit dem Mixstab pürieren. Obers beifügen, weiter mit dem Mixstab aufschäumen.
In heißen Suppentassen anrichten, mit hauchdünnem luftgetrocknetem Schinken garnieren, Muskatnuss über die Suppe reiben.
Dazu ein Glas vom Weinviertel DAC.

Muskat-Muskateller-Kürbisvariation

Was im Weinviertel im Frühjahr der Spargel ist, das ist im späten Herbst der Kürbis. Vor allem die duftenden Muskatkürbisse haben es mir angetan.

300 g Muskatkürbisfleisch
100 ml Muskateller
20 ml Raps- oder Distelöl zum Braten
1 Zimtstange
evtl. 1 frische Chili
Salz

1 Dotter
40 ml Gelber Muskateller aus dem Weinviertel
40 ml Raps- oder Distelöl
einige Fäden Safran
Salz, schwarzer Pfeffer aus der Mühle

Alle Zutaten für das Dressing müssen zimmerwarm sein. Dotter mit dem Gelben Muskateller, Safran, frisch gemahlenem Pfeffer und Salz am besten mit dem Pürierstab mixen. Öl langsam einmixen, kalt stellen.
100 g Kürbis roh auf einer Küchenhobel in dünne Streifen raffeln. Die Hälfte des Dressings mit den Kürbisstreifen vermischen, 30 Minuten ziehen lassen.
100 g Kürbis in 2 cm große Würfel schneiden. Muskateller mit Zimt, Salz, evtl. Chili zum Kochen bringen, Kürbiswürfel darin knackig kochen (ca. 5 Minuten, je nach Konsistenz des Kürbisses), abseihen.
100 g Kürbis in 8 mm dicke Scheiben schneiden, salzen und in einer Pfanne auf beiden Seiten goldgelb braten.
Auf großen Tellern anrichten: auf einem Drittel den marinierten Kürbissalat, auf einem anderen etwas Marinade und darauf die Kürbiswürfel, auf dem dritten die goldgelb gebratenen Kürbisscheiben.

Evtl. durch ein jahreszeitliches Salatbouquet in der Mitte oder einige Rucolablätter ergänzen.

Und wer noch eine vierte Kürbisvariante möchte: Orangen-Muskat-Chutney (Rezept Seite 104).

Dazu natürlich einen Weinviertler Gelben Muskateller. Ich mag die am liebsten, die sehr trocken und nicht zu schwer sind. (Und um nicht allzu weinviertel-patriotisch zu wirken: Davon gibt es bekanntlich auch großartige in der Südsteiermark.)

Gebratener Schweinsschopf mit Rotwein-Chili-Sauce und Muskatkürbisgemüse

Dieses Rezept habe ich mir für ein Weinviertler Mira-Valensky-Menü in der Zeitschrift GUSTO ausgedacht. Der klassische Schweinsschopf einmal anders.

500 g Schweinsschopf samt Knochen (am besten ist das Stück, das in den Rücken übergeht)
grobes Meersalz
40 ml Rapsöl

*

1 Zwiebel
50 g Butter
500 ml Rösler (oder ein anderer Weinviertler Rotwein, der nicht zu viel Säure hat)
5 Neugewürzkörner
1/2 kleine Zimtstange
Je nach gewünschter Schärfe: 1/2–2 frische rote Chili
1 Tl Stärkemehl (Maizena o. Ä.)
etwas Zucker

*

400 g Muskatkürbisfleisch
1/2 Stange Lauch
Saft einer Bio-Orange
Salz
10 ml Olivenöl
20 g Butter

Rohr auf 170 Grad vorheizen. Schweinsschopf in einer Pfanne mit dickem Boden in Rapsöl auf allen Seiten scharf anbraten. Schopf in eine feuerfeste Form geben, mit grobem Meersalz salzen, 2 El vom Rotwein dazu, im Rohr 1 Stunde braten. Pfanne mit Bratrückstand zur Seite stellen.

Zwiebel schälen und in 1 cm große Würfel schneiden. In der Pfanne mit dem Bratrückstand 20 g Butter zergehen lassen, Zwiebel und Chili darin goldgelb anrösten, Zucker beifügen, 5 Minuten weiterrösten. 60 ml Rotwein zur Seite geben, mit dem Rest des Rotweins ablöschen, Gewürze beifügen, kochen, bis die Flüssigkeitsmenge auf 1/3 einreduziert ist. Sauce bei Bedarf mit etwas Salz abschmecken, durch ein feines Sieb seihen. (Wer Rotweinjus – Rezept Seite 171 – zur Verfügung hat, gießt halb mit Rotweinjus, halb mit Rösler auf, das macht die Sauce noch kräftiger.)
Kürbisfleisch in 2 cm große Würfel schneiden. 1/2 l Wasser zum Kochen bringen, salzen. Kürbiswürfel darin, je nach Konsistenz des Kürbisses, 3–5 Minuten blanchieren; der Kürbis sollte noch knacki sein. Abseihen. Lauch der Länge nach halbieren, gut waschen, in 1 cm

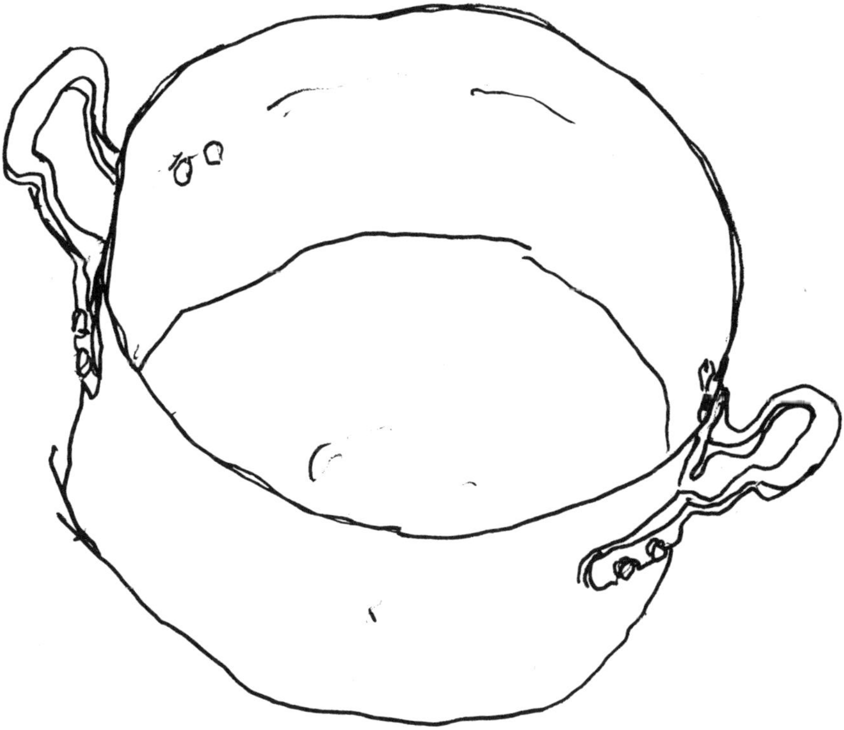

große Stücke schneiden. In einem Wok oder einer schweren Pfanne Öl und Butter erhitzen, Lauch und Kürbiswürfel darin einige Minuten rösten (sautieren), salzen, mit dem Orangensaft ablöschen, weiterrösten, bis die Flüssigkeit etwas einreduziert ist.
Rotweinsauce zum Kochen bringen. Stärke mit dem zur Seite gestellten Rotwein verrühren und damit die Sauce leicht binden. Die restliche Butter in kleine Würfel schneiden, mit dem Schneebesen einrühren. Nicht mehr kochen lassen.
Muskatkürbisgemüse in die Mitte vorgewärmter Teller setzen. Schweinsschopf in 2 cm dicke Scheiben schneiden, auf dem Muskatkürbisgemüse anrichten. Fleisch mit der Rotwein-Chili-Sauce begießen.
Dazu passt natürlich ein Rösler – die Rebsorte gibt es erst seit kurzem. Sie bringt tiefrote, sehr fruchtige Weine hervor, die jedoch wenig Gerbsäure und Tannine enthalten. Wer kräftige Rotweine liebt, sollte sich für einen Cuvée (z. B. Zweigelt, Blauburger, Cabernet) entscheiden.

DAC-Lammstelzen

2 Lammstelzen (das Gericht lässt sich auch mit kleinen Schweinsstelzen, sogenannten Knielingen, zubereiten)
1 große Zwiebel
1 Fleischparadeiser
1 Karotte
1/2 Stange Lauch
2 Knoblauchzehen
250 ml Weinviertel DAC
4 frische Zweige Rosmarin
Salz
1 Lorbeerblatt
40 ml Olivenöl
500 g kleine festkochende Erdäpfel

Backrohr auf 200 Grad vorheizen. In einer Pfanne mit dickem Boden 20 ml Olivenöl erhitzen, Lammstelzen auf allen Seiten knusprig anbraten, zusammen mit den kleinen geschälten Kartoffeln in eine feuerfeste Form mit 20 ml Olivenöl geben. Im Rohr bei 200 Grad 30 Minuten ohne Deckel backen.
Zwiebel, Fleischparadeiser, geschälte Karotte, Lauch in 2 cm große

Würfel schneiden. Knoblauchzehen blättrig schneiden. Im Bratrückstand Zwiebel, Karotte, Lauch, 2 Zweige Rosmarin und Lorbeerblatt anrösten, den Knoblauch erst gegen Schluss dazugeben, damit er nicht bitter wird. Dann die Paradeiserwürfel hinzufügen, durchrühren. Mit dem Weinviertel DAC ablöschen, aufkochen lassen, salzen.
Nach 30 Minuten die Kartoffeln in eine andere Form geben und weiterbacken lassen. Die Lammstelzen mit dem Gemüseragout übergießen, weitere 40 Minuten (je nach Größe der Stelzen) bei 150 Grad backen. Die Stelzen sind fertig, wenn das Fleisch beinahe von selbst vom Knochen fällt.
Je eine Stelze in die Mitte eines vorgewärmten Tellers setzen, mit dem Gemüseragout übergießen, mit Erdäpfeln ergänzen. Jeweils einen Zweig Rosmarin in den Röhrenknochen der Stelze stecken.
Wer das Gemüseragout lieber gebunden hat, gibt es noch einmal in die Pfanne und bindet den Saft mit etwas in kaltem Wasser aufgelöstem Stärkemehl.
Meine Weinempfehlung: ein sehr kräftiger Weinviertel DAC.

Lammeintopf mit Bohnen

Dieses Gericht habe ich für eine Lesung aus meinem Kriminalroman „Verschieden“ in Margreid (einem zauberhaften Ort an der Südtiroler Weinstraße) gekocht. Das Team der Bibliothek hatte gemeint, dass mit 30 Gästen zu rechnen sei, doch dann waren es mindestens doppelt so viele – ein wunderschöner Abend, und: der Eintopf hat trotzdem für alle gereicht.
Typisch weinviertlerisch ist dieses Gericht zwar nicht, aber man bekommt im Weinviertel inzwischen sehr gutes Lammfleisch.
Hier reicht die Menge für 6 Personen. Der Lammeintopf eignet sich übrigens auch sehr gut für ein Buffet, oder wenn man einmal vorkochen muss, denn er lässt sich lange ohne Geschmacksverlust warm halten und auch gut aufwärmen.

800 g Lammschulter (ausgelöst)	1 Salbeiblatt
2 Karotten	120 ml Weißwein
2 gelbe Rüben	1/2 l passierte Tomaten (Tetrapack oder Glas, auf jeden Fall ohne irgendwelche Geschmackszutaten)
200 g Knollensellerie	Salz, schwarzer Pfeffer aus der Mühle
1/2 Stange Lauch	1 Tl vegetarische Suppenwürze
2 Zwiebeln	40 ml Olivenöl
4 Knoblauchzehen	1 El Stärkemehl
100 g getrocknete große weiße Bohnen	10 Kirschparadeiser
4 Zweige Rosmarin	
2 Lorbeerblätter (wenn möglich, frisch)	

Bohnen über Nacht einweichen. Dann in Wasser (ohne Salz, sonst werden sie nie weich!) kochen, abseihen.
Sellerie schälen und in 1 cm große Würfel schneiden, Karotten schälen und in dicke Scheiben schneiden. Zwiebel in grobe Würfel, Knoblauch blättrig, Lauch feinnudelig. Lammfleisch in große Würfel schneiden. Fleisch in 20 ml Olivenöl mit dem Salbeiblatt und 2 Zweigen Rosmarin anbraten (die Pfanne sollte möglichst groß und heiß sein, damit das Fleisch röstet und nicht im eigenen Saft kocht; wenn die Pfanne nicht groß genug ist, das Fleisch lieber in 2 Durchgängen anbraten). Fleisch in eine feuerfeste Form geben und bei 80 Grad im Rohr warm stellen.
Den Bratrückstand in der Fleischpfanne mit 20 ml Olivenöl auffüllen. Zwiebel mit dem restlichen Rosmarin goldgelb anbraten, Karotte, Sellerie, Lorbeerblatt und zum Schluss Knoblauch dazugeben und anrösten. Mit dem Weißwein ablöschen, die passierten Tomaten dazu. Mit Suppenwürze, Salz, grobem Pfeffer aus der Mühle abschmecke (weil die Pfeffermühle so klein war und das Pfeffern für eine so große Menge ganz schön langwierig ist, habe ich in Margreid auch noch etwas Hot Sauce dazugetan, die habe ich immer in meiner Handtasche, Näheres im Kapitel „Karibik“). Wenn die Flüssigkeit kocht, das Fleisch einlegen. So viel heißes Wasser (wer Lammjus hat, nimmt natürlich Lammjus, Rezept Seite 171) dazugeben, dass das Fleisch

fingerbreit mit Flüssigkeit überdeckt ist. Fleisch ca. 1 Stunde auf kleiner Flamme weich dünsten.
Zum Schluss den feinnudelig geschnittenen Lauch und die Bohnen einrühren, aufkochen lassen. Stärkemehl mit kaltem Wasser verrühren, das Ragout damit leicht binden. Kirschparadeiser vierteln und in das kochende Ragout einrühren, noch 2 Minuten weiterkochen.
In heißen Suppentellern anrichten, mit frischem Brot servieren.
Mein Wein dazu: ein kräftiger Sauvignon Blanc oder ein kräftiger Grüner Veltliner.

Blauschimmel-Eiswein-Mousse mit Birne

Das Rezept reicht für 6–10 Portionen, das Mousse lässt sich gut aufbewahren. Ein ähnliches Gericht ist mir einst im Münchner Feinschmeckertempel „Tantris" untergekommen, ich habe es „verweinviertelt".

250 g Österkron
250 ml Weinviertler Eiswein
200 ml Obers
5 Blatt Gelatine
2 Birnen

200 g zimmerwarmen Österkron mit 200 ml vom Eiswein gut abtreiben (cremig rühren) oder mixen.
Gelatine einweichen, ausdrücken und in 50 ml Eiswein in der Mikrowelle bei 500 Watt 1 Minute schmelzen (ersatzweise Eiswein erhitzen und die Gelatine einrühren). Die Flüssigkeit mit dem Schneebesen gut in der Blauschimmelmasse verteilen. Obers halbfest schlagen und unterziehen. Mousse mindestens 3 Stunden im Kühlschrank kühlen.
Birnen halbieren, schälen, Kerngehäuse entfernen, hauchdünn aufschneiden und damit Teller belegen. Mousse mit einem Esslöffel zu Nocken formen und daraufsetzen. Restlichen Österkron in Würfel schneiden und die Teller damit dekorieren.
Dazu einen Schluck vom Eiswein aus dem Mousse.

Renates super Schokotorte

Renate ist Weinviertlerin, sie hat mir das Rezept im Weinviertel gegeben, wir haben die Torte in Buchingers Gasthaus „Zur Alten Schule“ gebacken – also ist sie weinviertlerisch!
Herta (eine von Renates Kolleginnen im Service) hat zwar gemeint, die Torte sei etwas „sitzen geblieben“, aber da hat eben der alt-weinviertlerische Zugang zu Mehlspeisen durchgeschlagen: Diese Torte gehört so. Saftig. Dicht. Fast Schokolade pur.

200 g Butter
200 g Couverture Schokolade
(ersatzweise 70-%-Schokolade)
6 ganze Eier
100 g Mehl
30 g Staubzucker
1 Pkg. Bourbon-Vanille
Salz

Eier und Zucker schaumig rühren, zimmerwarme Butter einrühren. Schokolade im Wasserbad (oder in der Mikrowelle bei 350 Watt 2

Minuten) schmelzen, einrühren. Zum Schluss das Mehl dazugeben, mit einer Prise Salz abschmecken.
Eine Tortenform mit Butter ausschmieren, die Masse einfüllen und im vorgewärmten Rohr bei 180 Grad 45 Minuten backen. Evtl. abkühlen lassen, vorsichtig auf einen Teller mit Spitzenpapier heben und evtl. mit Staubzucker bestreuen (mir schmeckt eine Mischung aus wenig Staubzucker, Zimtpulver und Neugewürzpulver). Besonders gut schmeckt die Torte aber noch warm.
Dazu trinke ich am liebsten ein kleines Glas Trockenbeerenauslese aus dem Weinviertel. Und sollte ich zu diesem Zeitpunkt schon zu viel gegessen haben: Quittenbrand hilft – und schmeckt!

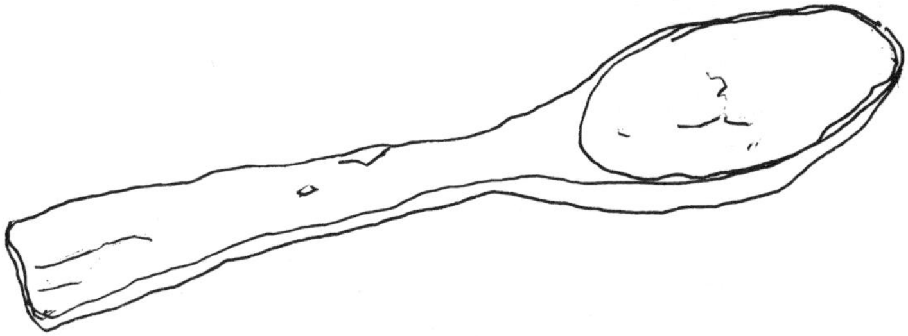

WIENER WÜRSTELSTAND
Anfang
←Kurzzug
BITTE

Wien

Wien ist Miras Stadt. Sie liebt ihre gemütliche Altbauwohnung, auch wenn sie jedesmal bis in den 3. Stock (und das nach Wiener Rechnung, wo auch noch Hochparterre und Mezzanin dazukommen) zu Fuß gehen muss. Sie mag Oskars mondäne Dachterrassenwohnung, und auch wenn sie in den Kriminalromanen immer wieder Ausflüge unternimmt, sagt sie in „Ausgekocht“:

> *Ich gebe zu, ich bin eine typische Großstadtbewohnerin. Nicht dass ich etwas gegen Grün und Gärten habe, aber gepflegte Anonymität, nahezu unbeschränkte Einkaufsmöglichkeiten und an jeder zweiten Ecke ein Lokal, in dem man Freunde treffen kann, sind mir einiges wert.*

Auch ich habe lange in Wien gewohnt, und das gerne. Inzwischen ist mir freilich das Weinviertel zur Heimat geworden und Wien zur Großstadt in angenehmer Nähe.
Kulinarisch darf man sich weder von Mira noch von mir ein Wiener Schnitzel erwarten (über die Wiener Küche gibt es wunderbare Kochbücher, vor allem von Christoph Wagner), ganz abgesehen davon, dass es ursprünglich aus Mailand kommt und heute fast überall auf der Welt zu finden ist (vor kurzem hab ich es in Istrien auf einer Speisekarte als „Schnitzer über Wien“ entdeckt).
Im Kapitel „Wien“ habe ich in erster Linie Rezepte der internationa-

len Küche versammelt, Gerichte, die man in den Metropolen der Welt finden kann (auch wenn Wien eine eher kleine „Metropole“ ist, kulinarisch kann sie recht gut mithalten).
Immer wieder werde ich gefragt, ob meine Bücher Wien-Krimis sind. Darauf antworte ich meist kulinarisch: Sie sind es auch. Mira lebt in Wien, sie hängt an Wien – aber ihre Liebe geht nicht so weit, dass sie nur wienerisch kocht. Es ist einfach so: Jeder Mensch braucht eine Umgebung, und ihre ist eben Österreichs Hauptstadt, groß und klein zugleich und immer wieder auch voll von überraschenden Genüssen.

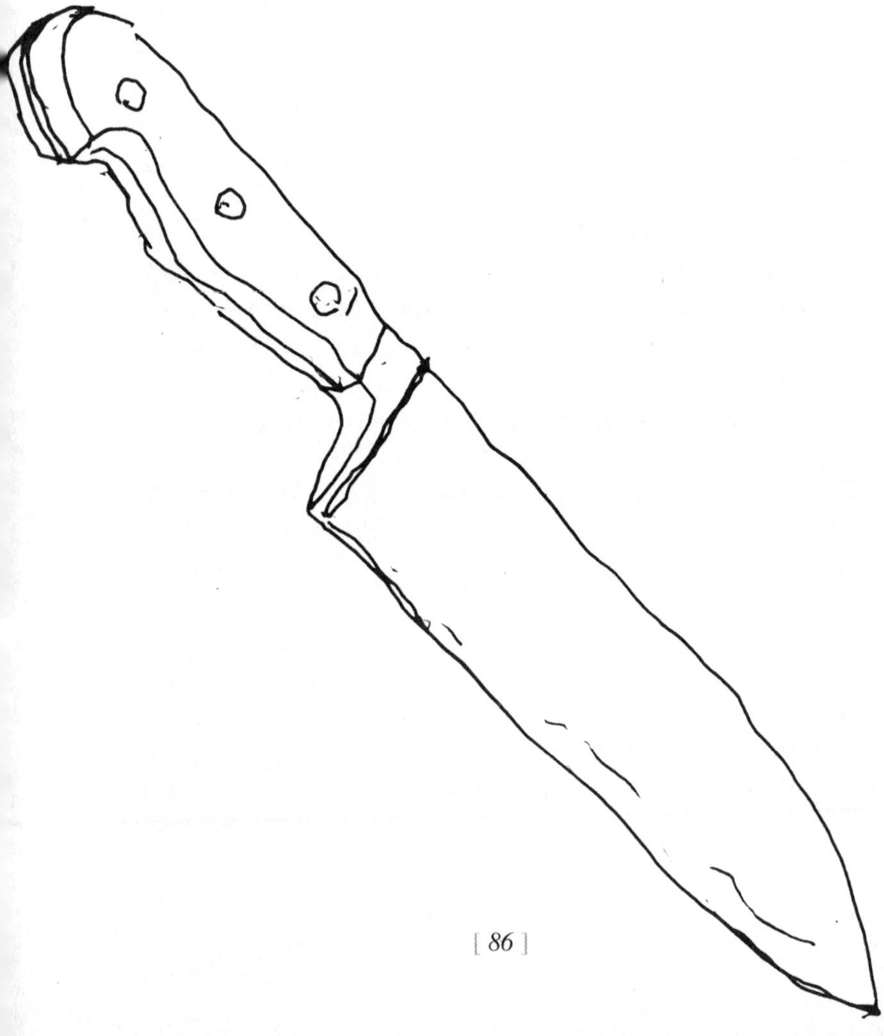

Entenbrust in Cointreau mit Orangen

Dieses Gericht kocht Mira in ihrem ersten Fall, „Wahlkampf", während sie über die Machenschaften von Wahlkampfmanagern, Spin-Doktoren und Karrierefrauen nachdenkt. Da ich in der Zwischenzeit meine Kochkünste ein wenig verfeinern konnte, ist das Rezept etwas abgewandelt.

1 Entenbrust
10 ml Rapsöl
Salz, grober schwarzer Pfeffer aus der Mühle
40 ml Cointreau
20 ml Orangensaft
1 Tl Stärkemehl (Maizena o. Ä.)

Backrohr auf 80 Grad vorheizen. Die Haut im Abstand von je einem Zentimeter mit einem scharfen Messer einschneiden, danach mit Salz und grobem Pfeffer einreiben und in Rapsöl auf der Hautseite anbraten. Wenn die Haut knusprig goldbraun ist, für 3 Minuten auf der Fleischseite braten. Mit Cointreau und Orangensaft aufgießen, 2 Minuten einreduzieren lassen. Die Entenbrust mit der Hautseite nach oben in eine kleine Form legen, den Saft danebengießen. 30 Minuten bei 80 Grad garen lassen, sodass die Entenbrust innen noch schön rosa ist.
Danach den Saft zurück in die Pfanne gießen, zum Kochen bringen. Stärkemehl in etwas kaltem Wasser verrühren, die Sauce damit leicht binden.
Die Entenbrust der Länge nach heiß in möglichst dünne Scheiben schneiden, auf heißen Tellern fächerartig anrichten, an das untere Fächerende die Sauce gießen.
Dazu gibt es Weißbrot.
Als leichtes Gericht oder als Vorspeise kann man die dünn geschnittene Entenbrust auch sehr gut auf Salat anrichten: z. B. Rucolasalat mit Orangenfilets und Walnüssen mischen, die Entenbrustsauce lauwarm werden lassen, damit den Salat marinieren und etwas Balsamico darübergeben.

Gurke mit Thunfischcarpaccio

1 kleine feste Gurke
1/2 Zitrone
20 ml Olivenöl
Salz, grober schwarzer Pfeffer aus der Mühle
120 g Thunfischfilet in Sushi-Qualität, am besten tiefgefroren
50 g Parmesan

Die Gurke (sie sollte noch keine großen Kerne haben, andernfalls mit einem Löffel ausschaben) längs in hauchdünne Streifen schneiden und damit große Teller belegen. Etwas Salz, etwas groben schwarzen Pfeffer, ein paar Tropfen Zitronensaft, ein paar Tropfen Olivenöl darübergeben.
Thunfischfilet tiefgefroren in hauchdünne Scheiben schneiden (ist deutlich einfacher als bei frischem. Die Thunfischscheiben über die Gurken legen, das Ganze noch einmal mit etwas Öl beträufeln. Vom Parmesan mit einer Käsehobel oder dem Sparschäler dünne Scheiben abhobeln und über die Gurken- und Thunfischscheiben legen. Pfeffern.

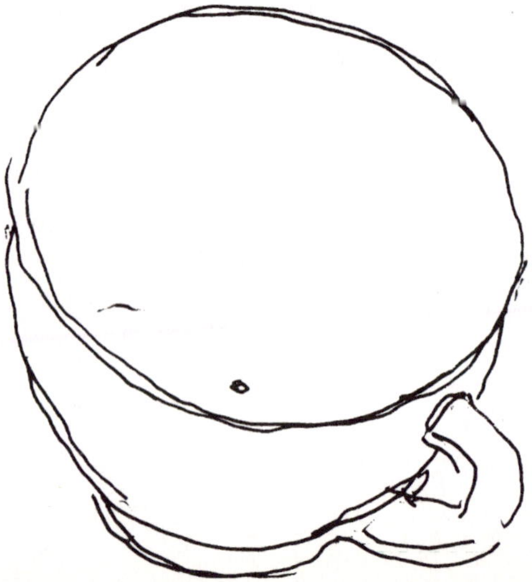

Das erste Menü für Oskar

Der Anwalt Oskar Kellerfreund gefällt Mira im Krimi „Freudsche Verbrechen" ziemlich gut, das hat sicher nicht nur mit seiner Kompetenz oder seiner imposanten Statur, sondern auch mit seinem Hang zu gutem Essen zu tun. Mira lädt Oskar ein, sie will für ihn kochen. Er scheint sich sehr zu freuen – aber im letzten Moment sagt er ab. Er muss nach Deutschland, einer seiner ehemaligen Klienten ist aus dem Gefängnis ausgebrochen, er soll ihn überreden aufzugeben.
Mira kocht den Großteil des Menüs dennoch, einfach für sich selbst, um sich etwas Gutes zu tun, wenn schon aus dem Abend mit Oskar (vorerst) nichts wird.
Ich habe die Mengen trotzdem – wie geplant – für 2 berechnet.

Geräucherte Gänsebrust auf Rucolasalat
Spargelcremesuppe
Lauwarme Entenleber mit Pflaumenbalsamico
Trüffelpastetchen
Frittierte Hühnerstreifen mit frittiertem Spargel
Stubenküken in Salbei
Selbst gemachtes Himbeerjoghurteis

Geräucherte Gänsebrust auf Rucolasalat

60 g Rucola
100 g geräucherte Gänsebrust, am besten tiefgefroren
etwas Zitronensaft
Salz, schwarzer Pfeffer aus der Mühle
Feigenessig aus der Sprühflasche (oder ein anderer guter Essig, Feigenessig gibt jedoch ein ganz besonderes Aroma)

Ein ähnliches Rezept findet sich auch im „Menü für Droch an der Donau".
Rucola waschen, trocken schleudern, mit dem Feigenessig besprühen. Die geräucherte Gänsebrust ganz dünn aufschneiden (geht in gefrore-

nem Zustand am besten, außerdem hat man mit Gänsebrust im Kühlfach immer eine rasche Vorspeise parat) und darüberlegen. Mit einigen Tropfen Zitronensaft, noch einmal etwas Feigenessig, Salz und Pfeffer abschmecken.

Spargelcremesuppe

300 ml Hühnersuppe (Rezept Seite 169) oder Gemüsefond (Rezept Seite 168), ersatzweise Wasser 15 Minuten mit vegetarischer Suppenwürze verkochen
500 g weißer Spargel
1 Prise Zucker
Salz
20 g Butter
Muskatnuss zum Reiben

Suppe aufkochen, Spargel schälen, die Spitzen zur Seite legen, den Rest in kleine Stücke schneiden und mit der Butter in die Suppe geben. Mit Salz und etwas Zucker abschmecken. Kochen, bis der Spargel ganz weich ist, dann pürieren. Die Spargelspitzen einlegen und in der Suppe knackig kochen.
In heißen Tellern anrichten, etwas Muskatnuss darüberreiben.
Ich finde, diese Suppe braucht kein Obers, ist aber natürlich Geschmackssache.

Lauwarme Entenleber mit Pflaumenbalsamico

200 g Entenleber
10 g Butter
10 ml Olivenöl
Salz, schwarzer Pfeffer aus der Mühle
300 g Pflaumen
20 g Butter
1 Peperoncino
20 ml dunkler Balsamico-Essig
evtl. Majoranzweige zum Garnieren

Die Pflaumen entkernen, in Stücke schneiden. Butter mit dem fein geschnittenen Peperoncino in einer Pfanne erhitzen. Die Pflaumen anbraten, bis sie genug eigenen Saft gelassen hatten. Balsamico-Essig dazu. Auf kleiner Flamme einreduzieren lassen, bis man eine dickcremige Sauce hat.

Entenleber von Haut und Sehnen befreien, in einer kleinen Pfanne mit Butter und Öl auf beiden Seiten anbraten. Flamme abdrehen, die Leber salzen und pfeffern und am Herdrand 5 Minuten ziehen lassen. Entenleber auf dem Pflaumenbalsamico anrichten. Evtl. mit einem Majoranzweig garnieren.

Trüffelpastetchen

6 fertige kleine Blätterteigpastetchen zum Füllen
100 g Crème fraîche
1 Dotter
1 El Trüffelpaste
Salz, schwarzer Pfeffer aus der Mühle
Salatblätter zum Belegen der Teller
Balsamico-Essig aus der Sprühflasche

Crème fraîche mit Salz, Pfeffer, Dotter und der Trüffelpaste stabmixen. Pastetchen füllen. Im Rohr bei maximaler Oberhitze backen, bis die Fülle goldbraun ist. Evtl. mit einer Trüffelscheibe belegen und so rasch wie möglich auf mit Balsamico-Essig besprühten Salatblättern servieren.

Frittierte Hühnerstreifen mit frittiertem Spargel

100 g Hühnerbrust ohne Haut
100 g dünne weiße Spargelspitzen
Salz
evtl. einige Chiliflocken
Backteig (Rezept Seite 174)
Öl zum Backen
2 Zitronenscheiben
etwas Mehl

Hühnerbrust in ca. 1 cm breite Streifen schneiden. Salzen, evtl. mit etwas Chili bestreuen. Spargelspitzen, wenn nötig, schälen.
Öl (mindestens 3 cm hoch) in einer Pfanne erhitzen (oder, wenn vorhanden, die Fritteuse auf 170 Grad heizen). Die Hühnerbruststreifen und die Spargelspitzen zuerst in etwas Mehl wenden, dann in den Backteig tauchen und knusprig backen. Auf Küchenpapier gut abtropfen lassen.
Auf heißen Tellern (evtl. mit Backpapier oder einer Serviette belegt) anrichten. Mit den Zitronenscheiben garnieren.

Stubenküken in Salbei

1 Stubenküken
40 g Butter
20 ml Olivenöl
1/2 Zitrone
10 frische Salbeiblätter
Salz, schwarzer Pfeffer aus der Mühle
50 ml trockener Sherry

Backrohr auf 220 Grad vorheizen. In einer Bratform Butter zerlassen, mit dem Öl vermischen. Das Küken mit der Schnittfläche der Zitrone einreiben, mit Salz und Pfeffer würzen, in der Öl-Butter-Mischung wälzen. Die grob zerrupften Salbeiblätter darüberstreuen. Mit dem Sherry begießen und ins heiße Rohr schieben. Hitze sofort auf 160 Grad reduzieren. 1 Stunde lang backen, immer wieder mit der Flüssigkeit begießen. Wer das Küken besonders knusprig will, bräunt es die letzten 5 Minuten mit der Grillfunktion oder bei maximaler Oberhitze.
Stubenküken halbieren und jede Hälfte auf einem heißen Teller anrichten, die Sauce am besten pur in einer Sauciere reichen.
Wem knuspriges Weißbrot als Beilage zu wenig ist, der kann mit dem Fleisch zusammen kleine geschälte Kartoffeln braten. Oder, sommerlich leicht, das Stubenküken auf einigen großen gesalzenen Scheiben Fleischtomate anrichten.

Selbst gemachtes Himbeerjoghurteis

250 g tiefgefrorene Himbeeren
200 g möglichst fettes Joghurt
2 Pkg. Bourbon-Vanillezucker
100 g frische Himbeeren
6 Blatt Minze

Himbeeren antauen lassen. Mit dem Joghurt und dem Vanillezucker vermischen, in die Eismaschine geben, diese rühren lassen, bis das Eis schön cremig ist.
Auf den frischen Himbeeren anrichten, mit Minzeblättern garnieren.

Winterliches Geflügelmenü

Wenn im Roman „Kaltes Fleisch“ der Direktor einer großen Supermarktkette versucht, Mira ruhig zu stellen, dann scheut er keine Kosten. Ob es ein Zufall ist, dass er sich für ein Menü ohne Rind und Schwein entschieden hat?

Dialog von Gänselebercreme und Holunderschaum
Feine Teile von Gans, Ente und Flusskrebschen
Entenfilet in Madeira-Orangensauce
Selektion französischer Weichkäse
Kastanienhalbgefrorenes

Dialog von Gänselebercreme und Holunderschaum

60 g Butter
100 g Naturgänseleber (ich gebe ja zu, dass Stopfgänseleber einzigartig schmeckt, aber die Naturgänseleber hat einen unschlagbaren Vorteil: dafür müssen die Gänse zwar auch geschlachtet, aber davor nicht gequält werden – und außerdem würde mich meine Freundin Romana ewig lang nicht mehr zum Essen einladen, sie ist beim Umgang mit tierischen Produkten von bewundernswerter Konsequenz)
2 Blatt Gelatine
100 ml Obers
20 ml Süßwein
20 ml Cognac
Salz, weißer Pfeffer aus der Mühle

*

50 ml Holundersirup
10 ml Balsamico-Essig
50 ml Obers
Salz, schwarzer Pfeffer aus der Mühle

Leber von Haut und Sehnen befreien. Butter in einem kleinen Topf erhitzen und die Leber darin auf kleiner Flamme garen. Mit Süßwein und Cognac ablöschen und vom Herd nehmen. Gelatine in kaltem Wasser einweichen und in die noch warme Buttersauce einrühren. Mit Salz und weißem Pfeffer würzen, mit dem Mixstab pürieren. Abkühlen lassen (bis ca. lauwarm). Obers halbfest schlagen und un-

ter die Masse ziehen. In einem passenden Gefäß im Kühlschrank mindestens 2 Stunden ziehen lassen.
Holundersirup zum Kochen bringen, mit dem Balsamico-Essig, Salz, Pfeffer abschmecken. Vom Herd nehmen, Obers beifügen und mit dem Stabmixer aufschlagen.
Von der kalten Gänseleberceme mit dem befeuchteten Löffel Nocken formen und auf einen Teller setzen, mit der warmen aufgeschäumten Holundersauce einen Strich herumziehen.

Feine Teile von Gans, Ente und Flusskrebschen

Flusskrebskrapferl

50 g Flusskrebsschwänze (entweder frisch ausgelöste oder solche in Salzlake)
1 Ei
1 Tl Olivenöl
glattes Mehl
Salz, schwarzer Pfeffer aus der Mühle

Ei mit dem Öl und etwas Salz und Pfeffer verquirlen, danach so viel glattes Mehl einarbeiten, bis ein dickflüssiger Teig entsteht. Flusskrebse gut abtropfen lassen, unter den Teig mischen.

Gänsebrustrollen

100 g Gänsebrust ohne Haut
2 Wantan-Blätter, ersatzweise Strudelblätter, auf 20 x 20 cm zugeschnitten
1 Tl frisch abgezupfte Majoranblätter
1 Tl fein geschnittene Jungzwiebel
1 Tl ganz kleine Apfelwürfel
1/2 Tl Kejap Manis
1 Tl Sweet and Hot Chili Sauce
Salz
Gänseschmalz

Gänsebrust in kleine Würfel schneiden und in ganz wenig Gänseschmalz knusprig braten. Mit allen anderen Zutaten vermischen, salzen. Wantan-Blätter mit der Fülle bestreichen, zigarrendick einrollen.

Geschmorte Entenherzen

4 Entenherzen

wenig Gänseschmalz

100 ml Süßwein

1 Tl frisch geriebener Ingwer

20 g Gänseschmalz

Entenherzen aufschneiden, evtl. vorhandenes Blut abwaschen. In ganz wenig Gänseschmalz anbraten, mit dem Süßwein aufgießen. Frisch geriebenen Ingwer dazugeben, auf kleiner Flamme ganz weich dünsten (die Flüssigkeit sollte fast zur Gänze einreduzieren). Salzen ist nicht notwendig.

Wenn die Entenherzen fast fertig sind, in einer Pfanne 1 El Gänseschmalz erhitzen. Mit einem Esslöffel Flusskrebskrapferlteig ins heiße Fett setzen. Gleichzeitig die Gänsebrustrollen einlegen, beides auf beiden Seiten knusprig braten.

Rucolaöl (Rezept Seite 175)

Auf großen Tellern an die Spitzen eines imaginären Dreiecks Entenherzen mit etwas eingedickter Flüssigkeit, Flusskrebskrapferl und eine Gänsebrustrolle legen. Mit Rucolaöl (man lässt es einfach von einem Esslöffel tropfen) zu einem Kreis verbinden.

Entenfilet in Madeira-Orangensauce

200 g Entenfilet (ersatzweise Entenbrust, der Länge nach in fingerdicke Streifen geschnitten)

100 g Zwiebel

1 Bio-Orange

40 ml Madeira

20 g Butter

1 Tl Stärkemehl

1 Sternanis

Salz, schwarzer Pfeffer aus der Mühle

2 Nudelblätter (fertige Lasagne-Nudeln oder: 1 Ei, etwas Salz, einige Tropfen Olivenöl und so viel glattes Mehl zusammenmengen, dass ein sehr fester Teig entsteht; gut kneten, dann mit dem Nudelwalker dünn ausrollen)

Orange gut waschen, die Schale (aber nicht die weiße Schicht darunter, die ist bitter!) mit einem Zestenschneider oder mit einem Sparschäler in dünnen Streifen abschälen. Orange auspressen. Entenfilets mit Salz und Pfeffer würzen, in der Butter auf beiden Seiten ganz kurz anbraten, mit dem Madeira ablöschen, mit dem Orangensaft aufgießen. Sternanis einlegen, Orangenzesten dazugeben. Wenn die Flüssigkeit kocht, mit einigen Tropfen in kaltem Wasser verrührter Stärke leicht binden und 1 Minute weiterkochen, im Rohr bei 70 Grad 10 Minuten ziehen lassen.
Nudelblätter in Salzwasser bissfest kochen.
Auf heiße Teller einige Tropfen Madeira-Orangensauce geben, darauf je ein Nudelblatt, darauf das Entenfilet anrichten und alles mit der restlichen Sauce begießen.
Mit einigen Orangenzesten dekorieren.

Selektion französischer Weichkäse

Einkaufen und bei Zimmertemperatur reifen lassen – that's all.

Kastanienhalbgefrorenes

100 g Kastanienpüree (gibt es tiefgefroren, wichtig ist: ohne weitere Zutaten)
150 ml Obers
20 ml Kirschrum
glacierte Maroni oder Maroni-Schoko-Herzen zum Garnieren

Kastanienpüree auftauen und mit dem Kirschrum abrühren. Obers schlagen und unter die Masse ziehen. Eine kleine Terrinenform mit Klarsichtfolie auslegen (Terrine zuerst mit einigen Tropfen Wasser befeuchten, dann legt sich die Folie besser an). Masse einfüllen und frieren. Vor dem Anrichten 10 Minuten bei Zimmertemperatur antauen lassen, dann in 1 cm dicke Scheiben schneiden.
Auf kalten Tellern anrichten, mit glacierten Maroni oder Maroni-Schoko-Herzen garnieren. Gut schmeckt auch eine dunkle Schokosauce dazu. Dafür 50 g 70-%-Schokolade vorsichtig mit 50 ml Obers und 10 ml Kirschrum erwärmen und verrühren.
Für alle, denen das zu lange dauert, als Variante das schnelle Kastanieneis: Kastanienpüree antauen, mit dem Obers und dem Kirschrum vermischen, in der Eismaschine cremig laufen lassen.

*

Lammschlegel mit Kartoffeln

Das ist natürlich nichts typisch Wienerisches, aber was wären Großstädte ohne die vielen – auch kulinarischen – Einflüsse von außen? Ich habe dieses Gericht in Zypern kennengelernt – und Jahre später hat mir eine Serbin erzählt, dass der Lammschlegel bei ihr daheim fast genauso zubereitet wird. Und auch die Bosnierin Vesna liebt dieses Rezept: „Genau so haben sie es gemacht bei meiner Tante daheim. Nur eben im großen Ofen, der im Freien war. Genau so hat es gerochen und ausgesehen."

Für 2 Personen gelingt das Rezept übrigens nie, man braucht zumindest 1 kg Fleisch dafür, besser ist die ganze Lammoberkeule. Der Rest lässt sich gut aufwärmen oder kalt auf Salat oder in Brot servieren. Das Gericht eignet sich übrigens auch sehr gut für ein Buffet, bei meinem alljährlichen Sommerfest fehlt es selten.

1 Lammoberkeule (Femur) von ca. 3000 g
6 Zweige Rosmarin
1000 g große mehlige Kartoffeln
10 Knoblauchzehen
40 ml Olivenöl
Salz, grober schwarzer Pfeffer aus der Mühle
1 Zweig Rosmarin zum Garnieren

Das Rohr auf 140 Grad vorheizen. Fleisch in 20 ml Olivenöl in einer Pfanne rundherum anbraten. In eine Bratform geben, Rosmarinzweige dazu, Öl darüber, mit grobem Pfeffer und Salz würzen. Die Bratform mit Folie bedecken, so dass sie dicht abschließt (ursprünglich wurde das Fleisch in Lehm eingepackt und in den Backofen geschoben). 3 Stunden backen lassen.
Die Kartoffeln schälen, vierteln. Die Folie entfernen, die Kartoffeln zum Lamm geben. Knoblauchzehen und die 2 restlichen Rosmarinzweige dazulegen. 1 weitere Stunde backen. Wenn das Lammfleisch fertig ist, soll es ganz weich sein und fast von selbst vom Knochen fallen.
Auf heißen Tellern das Fleisch mit den Kartoffeln und dem Natursaft anrichten. Darüber einen Rosmarinzweig legen.

Als Alternative dazu eine „städtischere“ Variante vom Lamm:

Rosa gebratene Lammrose

2 Lammrosen (wird auch als Lammhuft verkauft)
2 Zweige Rosmarin
2 Knoblauchzehen
60 ml Olivenöl
Salz, geschroteter schwarzer Pfeffer
40 ml Weißwein
20 g Butter

Lammrosen mit fein geschnittenem Rosmarin, zerdrücktem Knoblauch, 40 ml Olivenöl, geschrotetem schwarzem Pfeffer marinieren (nie Salz in die Marinade geben, es entzieht dem Fleisch Wasser und macht es somit trocken) und mindestens 1 Stunde ziehen lassen – besser einen ganzen Tag.
Lammrosen in einer schweren Pfanne mit 20 ml Olivenöl zuerst auf der Hautseite lange, dann auf der Fleischseite etwas kürzer anbraten, in eine Form geben, salzen. 2 Stunden bei 75 Grad rosa gar ziehen lassen.
(Für alle, die es eilig haben: Rohr auf 180 Grad vorheizen, Lammrosen 10 Minuten backen, Rohr auf 70 Grad zurückschalten und bei halb offener Tür das Fleisch 20 Minuten ziehen lassen.)
Danach den Lammsaft in eine kleine Pfanne geben, Weißwein dazu, 5 Minuten kochen. Die Butter einrühren und nicht mehr kochen lassen. Wenn Lammjus vorhanden (Rezept Seite 171), zur Hälfte Lammjus verwenden.
Jede Lammrose in 3 Stücke schneiden, auf dem Lammsaft anrichten.

Als Beilage passt sehr gut Mangold (in Streifen schneiden, 2 Minuten in Salzwasser blanchieren, danach in Butter und Olivenöl schwenken, salzen, pfeffern, evtl. etwas Knoblauch dazu). Und natürlich passen Kartoffeln. Am liebsten sind mir große mehlige, die ich koche, schäle, der Länge nach in Scheiben schneide und danach in einer Pfanne mit ganz wenig Olivenöl auf beiden Seiten knusprig goldgelb brate. Man kann aber auch gekochte festkochende Kartoffeln in Würfel schneiden und mit dem Mangold mitschwenken.

Das Zucchini-Menü

Mira hat zwar selbst keinen Garten, aber sie kennt Menschen, bei denen das anders ist, und sie hilft ihnen gerne bei der Bewältigung der jährlichen Zucchini-Invasion. So kocht sie für die Fotografin Gerda (deren Ex gerade „verunglückt" ist) und Vesna ein kleines Zucchini-Menü. Es ließe sich übrigens sehr gut durch einen Zucchinikuchen ergänzen, aber noch nie hab ich ein Rezept gefunden, das mir gelungen ist. – Gerda hätte ohnehin nichts davon gehabt, denn sie hetzt bereits vor dem Hauptgang davon zu ihren Kindern …

Zucchinicarpaccio
Zucchinisuppe mit Kurkuma
Bigoli mit Zucchini, dunklem Sesamöl und Garnelen

Zucchinicarpaccio

2 ca. 10 cm lange gelbe Zucchini
50 g Rohschinken, hauchdünn geschnitten
einige Rucolablätter
40 ml Olivenöl
20 ml Limettensaft
Salz, schwarzer Pfeffer aus der Mühle

Marinade mixen. Die Zucchini der Länge nach in ganz dünne Streifen schneiden und große Teller damit belegen. Zucchini mit wenig Marinade beträufeln, mit dem Rohschinken bedecken, einige Rucolablätter darauflegen. Restliche Marinade darüberträufeln.

Zucchinisuppe mit Kurkuma

100 g Zwiebel
200 g Zucchini
2 Knoblauchzehen
1 Tl vegetarische Suppenwürze
Chilipulver
1 Messerspitze Kurkuma
Salz
20 ml Olivenöl
10 g Butter
2 El Sauerrahm

Zwiebel in grobe Würfel schneiden, in Butter und Olivenöl anschwitzen, zum Schluss die zerkleinerten Knoblauchzehen dazu. Zucchini in Würfel schneiden, kurz mitrösten, mit 200 ml Wasser aufgießen. Mit vegetarischer Suppenwürze, Kurkuma, Chili und Salz abschmecken. Zugedeckt dünsten, bis die Zucchiniwürfel ganz weich sind. Stabmixen.

Auf heißen Tellern anrichten. Jeweils 1 El Sauerrahm in die Mitte geben.

Bigoli mit Zucchini, dunklem Sesamöl und Garnelen

150 g Bigoli (dicke venetische Spaghetti)
200 g junge Zucchini
30 ml dunkles Sesamöl
4 Knoblauchzehen
6 große Garnelen (tiefgekühlt – das ist mir lieber als angeblich frische, Wien liegt leider nicht am Meer)
1 Tl Sweet and Hot Chili Sauce

Garnelen antauen lassen. (Bei solchen mit Schale diese entfernen, evtl. Darm ziehen – siehe Seite 54).

In dünne Scheiben (5 mm) geschnittene Zucchini in einem Wok mit dem dunklen Sesamöl anbraten, den feinblättrig geschnittenen Knoblauch dazugeben. 1 Minute weiterrösten, dann die Garnelen dazu (sie müssen noch nicht ganz aufgetaut sein), nur kurz mitschwingen; sie sollten innen schon warm, aber noch glasig sein. Sweet and Hot Chili Sauce dazugeben, salzen.

Bigoli in Salzwasser bissfest kochen, abseihen, zur Zucchini-Garnelen-Mischung geben, alles kurz durchschwenken.

In warmen tiefen Tellern anrichten.

Das Schwiegermutter-Menü

Da gibt es einen Abend in „Verschieden“, an dem Mira und Oskar ziemlich nervös sind. Oskars Mutter, die findet, dass für ihren großartigen Sohn eigentlich keine Frau gut genug ist, kommt zum Essen. Und Oskar will ihr bei dieser Gelegenheit mitteilen, dass er und Mira heiraten wollen …
Die Rezepte sind dennoch für 2 Personen berechnet.

Garnelen in Proseccogelee
Rosa Entenbrust mit Kartoffel-Trüffel-Auflauf und Orangen-Muskat-Chutney
Käse
Petits Fours

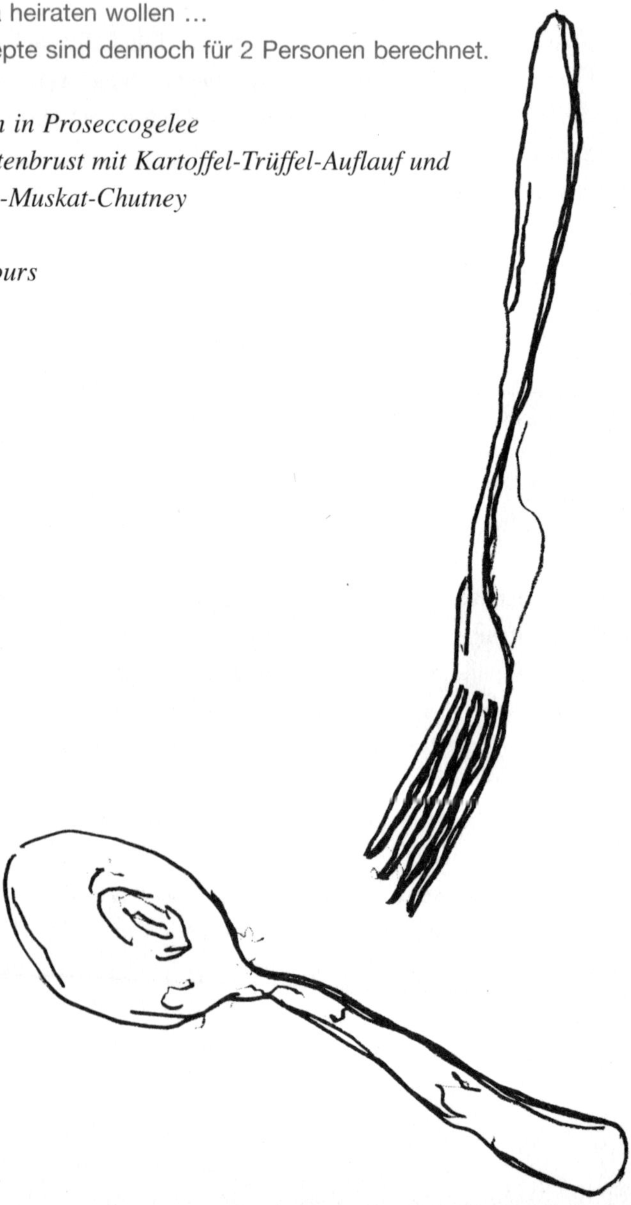

Garnelen in Proseccogelee

6 große Garnelen in der Schale
400 ml Prosecco
4 Neugewürzkörner
10 Pfefferkörner
1 Karotte
1 gelbe Rübe
50 g Lauch
3 Blatt Gelatine
4 dünne Limettenscheiben
Salz

Garnelenschalen ohne Fett kurz anrösten. Mit Prosecco ablöschen. Karotte und gelbe Rübe schälen. Sowohl das Wurzelgemüse als auch die Schalen in den Prosecco geben. Mit Pfefferkörnern, Neugewürzkörnern, etwas Lauch und Salz 15 Minuten kochen lassen. Karotte und Rübe herausnehmen und zur Seite geben. Den Proseccofond abseihen und noch einmal zum Kochen bringen. Die Garnelen der Länge nach halbieren, den Darm entfernen, in den kochenden Fond legen, warten, bis die Flüssigkeit wieder zu perlen beginnt, dann den Topf sofort vom Feuer nehmen. Die Garnelen sollen nur durchziehen, auf keinen Fall kochen, so bleiben sie saftig und knackig. Gelatine in kaltem Wasser einweichen.
Garnelen in Suppenteller verteilen, Karotte und gelbe Rübe der Länge nach in ganz dünne Streifen schneiden und als Dekoration in die Teller legen. Proseccofond durch ein Etamintuch seihen.

Mira findet bei Oskar kein Etamin, also nimmt sie eine Stoffserviette, das funktioniert wunderbar – bloß stellt sich anschließend heraus, dass Oskar nur noch drei saubere Servietten hatte, und an so einem Abend ist selbst Oskar leicht aus der Fassung zu bringen …

Im klaren Fond die ausgedrückte Gelatine auflösen, den Fond über die Garnelen in den Suppentellern gießen. 1 Stunde im Kühlschrank kalt stellen. Vor dem Anrichten mit Limettenscheiben garnieren.

Rosa Entenbrust mit Kartoffel-Trüffel-Auflauf und Orangen-Muskat-Chutney

1 Entenbrust

1/2 Bio-Orange

geschroteter schwarzer Pfeffer

Meersalz aus der Mühle

10 ml Olivenöl

*

150 g mehlige Kartoffeln

1 Ei

60 ml Obers

1 El Trüffelöl (oder Trüffelpaste)

Salz

*

150 g Zwiebel

1 Bio-Orange

200 g Fleisch vom Muskatkürbis

10 ml Olivenöl

20 ml weißer Balsamico-Essig

80 ml Prosecco

50 g Gelierzucker 3:1

Salz

Chiliflocken

1/2 Sternanis

1/2 Zimtstange

Zwiebel in grobe Würfel schneiden, in Olivenöl anschwitzen. Muskatkürbis in 2 cm große Würfel schneiden, beifügen. Die Bio-Orange waschen, mit einem Zestenschneider oder dem Sparschäler dünne Hautstreifen abziehen. Danach die Orange filetieren (mit einem scharfen kleinen Messer die weiße Haut rundherum wegschneiden, die Frucht in Spalten teilen und mit dem Messer auch die weißen Teile aus dem Inneren entfernen). Kürbis und Zwiebel mit weißem Balsamico-Essig und Prosecco ablöschen, Sternanis, Zimt, Salz, Chiliflocken dazu, aufkochen. Danach den Gelierzucker einrühren, die Orangenfilets dazugeben, 4 Minuten kochen lassen. Abkühlen, damit die Chutney-Masse geliert.

Rohr auf 70 Grad vorheizen. Die Haut der Entenbrust im Zentimeterabstand einschneiden. Orangenhälfte gut waschen und die Schale über die Entenbrust reiben. Entenbrust pfeffern, danach auf der Hautseite im Olivenöl braten, bis die Haut goldgelb knusprig ist.

Für 2 Minuten umdrehen. Danach mit der Hautseite nach oben in eine passende hitzebeständige Form geben, salzen. Im Rohr ca. 1 Stunde gar

ziehen lassen (es darf auch etwas länger sein, die Entenbrust bleibt bei dieser Temperatur rosa).
Kartoffeln kochen, schälen. In einem schmalen hohen Becher das Ei schlagen, Obers dazugeben, Trüffelöl, Salz, mit dem Stabmixer mixen. Kartoffeln in Würfeln dazugeben, nur ganz kurz mit dem Pürierstab mixen. Die Masse sollte cremig-dickflüssig sein, falls sie zu fest ist, noch etwas Obers dazugeben.
In kleine Silikonförmchen füllen, eine Form 3 Minuten in der Mikrowelle bei 800 Watt garen, für jede weitere Form 1 Minute dazugeben.
Entenbrust der Länge nach in möglichst dünne Scheiben schneiden. In der Mitte des heißen Tellers den gestürzten Kartoffel-Trüffel-Auflauf anrichten, die Entenbruststreifen darüberlegen. Mit dem Natursaft beträufeln. Rechts und links davon das Chutney anrichten.

Mediterranes Großstadtmenü

Inzwischen gibt es auch in Wien einige Lokale, die könnten ebenso gut in Paris, New York oder Shanghai sein. Manche klagen darüber, doch ich finde gemeinsam mit Mira, dass unserer Stadt etwas mehr internationales Flair gar nicht schlechttut. Das Wiener Schnitzel wird trotzdem nicht verschwinden.

Klare Seeteufelsuppe mit Safran
Fasanenmedaillons auf weißer Polenta
Limetten-Chili-Sorbet

Klare Seeteufelsuppe mit Safran

500 g Seeteufel samt Gräten und Kopf (der Anteil an reinem Fleisch muss nicht mehr als 100 g betragen)
1 Karotte
50 g Lauch
1 Stangensellerie
10 schwarze Pfefferkörner
4 Neugewürzkörner
Salz
100 ml Weißwein
500 ml Wasser
einige Safranfäden

Seeteufel großzügig filetieren, nur die schönsten Teile von der Fischkarkasse lösen. Wasser und Wein zum Kochen bringen. Fischkopf, Karkasse, 1 geschälte Karotte (auch die Schalen dazugeben), Stangensellerie, Lauch, Gewürze 15 Minuten darin kochen. Danach 15 weitere Minuten am Herdrand ziehen lassen. Durch ein Etamintuch oder ein feines Haarsieb seihen.
Suppe wieder zum Kochen bringen. Safranfäden einlegen, mit Salz abschmecken. Seeteufelfilets in löffelgroße Stücke schneiden, einlegen, in feine Ringe geschnittene Jungzwiebel dazugeben. Wenn die Suppe wieder zu perlen beginnt, sofort von der Flamme nehmen. 3 Minuten ziehen lassen. In heißen Suppentellern anrichten.

Fasanenmedaillons auf weißer Polenta

200 g Fasanenrücken
50 g Lardo (oder fein geräucherter weißer Speck), geschnitten
Salz, schwarzer Pfeffer aus der Mühle
Neugewürz, am besten frisch aus der Mühle
80 ml Rotwein
40 g Pinienkerne
10 ml Olivenöl
20 g Butter

*

50 g weißer Polentagrieß
100 ml Obers
100 ml Wasser
Salz
Muskatnuss zum Reiben

Rohr auf 70 Grad vorheizen. Fasanenrücken ohne Haut mit Salz, Pfeffer und Neugewürz würzen. Mit Lardo umwickeln. Im Olivenöl vorsichtig rundherum anbraten. In eine Form geben, im Rohr 1 Stunde gar ziehen lassen. Im Bratrückstand die Pinienkerne anrösten, mit Rotwein aufgießen, aufkochen lassen und zur Seite stellen.

Obers und Wasser zum Kochen bringen, vorsichtig salzen. Polenta einrühren und rühren, bis sie cremig ist (ca. 5 Minuten, die Angabe auf den meisten Packungen, man solle sie 30 Minuten verkochen, ignoriere ich, sie schmeckt viel besser, wenn man die Körner noch etwas spürt). Sollte die Polenta zu dick werden, etwas Wasser und Obers nachgießen. Zum Schluss Muskatnuss darüberreiben.

Fasanensauce wieder zum Kochen bringen, mit der Butter binden und sofort von der Flamme nehmen.

Auf heißen Tellern die Polenta anrichten, die schräg durchgeschnittene Fasanenbrust darauflegen. Mit der Sauce umkränzen.

Limetten-Chili-Sorbet

2 Limetten
1 frische Chili
40 ml Wodka
40 g Kristallzucker
200 ml Prosecco oder trockener Sekt

Limetten gut waschen, mit einem Zestenschneider oder einem Sparschäler die Haut – ohne das Weiße darunter – in feinen Streifen

abziehen. Danach Limetten auspressen. Saft, fein geschnittene Chili, Zucker und Wodka mixen, Zesten dazugeben und entweder in der Eismaschine laufen lassen oder tieffrieren und alle 10 Minuten umrühren. Wenn das Sorbet gefroren ist, Prosecco in 2 Gläser füllen und das Limetten-Chili-Sorbet mit dem Eisportionierer oder einem Esslöffel darin verteilen. Mit Limettenzesten garnieren.
Man kann den Prosecco natürlich auch weglassen. Dann lässt sich das Sorbet besonders schön auf hauchdünn geschnittenen Limettenscheiben anrichten, die man in Kristallzucker getaucht und in einer Pfanne auf beiden Seiten karamellisiert hat. (Mit dem Karamelliseur: die Limettenscheiben auf den Teller legen, dick mit Kristallzucker bestreuen, karamellisieren.) Abkühlen lassen und das Sorbet darauf anrichten.

*

Steinbuttfilet auf Apfel-Galgant-Chili mit Kartoffelstroh

Wie Sie vielleicht wissen, isst Mira gerne Fisch. Und sie mag Chili. Ich selber bin froh darüber, dass es inzwischen auch in Wien guten frischen Fisch gibt. Wenngleich er jenen, den ich vor kurzem in Istrien roh mariniert gegessen habe, nie erreichen kann, aber das ist eine andere Geschichte …

300 g Steinbuttfilet (oder Filet eines anderen weißen, festen Fisches – neben Meeresfischen eignet sich auch Zander)
2 saftige Äpfel (sie dürfen nicht mehlig sein)
1 Chili
1 Tl frische Galgantwurzel in feinen Scheiben
100 g Lauch
20 g Butter
20 ml Olivenöl
etwas Hartweizenmehl
Salz

*

300 g festkochende Kartoffeln
Olivenöl zum Frittieren

Kartoffeln schälen und mit dem Küchenhobel in feine Stifte hobeln. Mindestens 3 cm hoch Olivenöl erhitzen und das Kartoffelstroh auf nicht zu großer Flamme knusprig frittieren. Auf Küchenpapier gut abtropfen lassen, salzen.
Äpfel entkernen, aber nicht schälen. Lauch gut waschen und in dünne Ringe schneiden. 10 ml Olivenöl und die Butter erhitzen, darin den Lauch, die geschnittene Chili und die Galgantscheiben anrösten. Äpfel in 5 mm dicke Scheiben schneiden, kurz mitrösten, sie sollten noch knackig sein. Mit Salz abschmecken.
10 ml Olivenöl erhitzen. Die Fischfilets auf der Hautseite in Hartweizenmehl tauchen und auf dieser Seite knusprig braten. Wenden und nur 30 Sekunden weiterbraten, dann 3 Minuten ziehen lassen.
Auf heißen Tellern ein Häufchen Apfel-Galgant-Chili und ein Häufchen Kartoffelstroh nebeneinandersetzen, das Fischfilet auf das Kartoffelstroh legen. Evtl. mit einer Limettenscheibe, Apfelblüten oder einem frischen Zweig Zitronenverbena garnieren.

Heiße Kabanossi, extra lang, extra scharf

Auf dieses Gericht stößt Mira in der schrägen Simmeringer Bar „Geldlos". Eine ganz schnelle und einfache Sache, auch für notorische NichtköchInnen.

200 g (nicht industriell gefertigte) Kabanossi
1 El Sweet and Hot Chili Sauce
20 ml Olivenöl
evtl. Brot, Salat oder Paradeiser

Kabanossi mit der Sweet and Hot Chili Sauce einreiben. In Olivenöl in einer entsprechend großen Pfanne (ansonsten die Kabanossi eben schneiden) auf allen Seiten dunkel braten. Entweder einfach mit Brot servieren oder auf Salat anrichten. Oder als schräge Vorspeise auf einigen kurz angebratenen Fleischparadeiserscheiben reichen.

Wachteln mit Kardamom

Sie sind Teil von Miras Hochzeitsbuffet und eine Variante der gefüllten Wachteln auf Seite 19. Hier trotzdem noch einmal das vollständige Rezept. Und wieder gilt: Unter 4 Wachteln zahlt sich die Patzerei nicht aus, aber man kann sie gut aufwärmen oder am nächsten Tag kalt essen.

4 Wachteln
100 g Truthahnbrustfilet
ca. 100 ml Obers
Salz
etwas Paprikapulver
1 Bund Petersilie
1 Tl frisch gemahlener Kardamom
2 Eiswürfel
40 g Butter
20 ml Olivenöl
grobes Meersalz

In „Verschieden" erzählt Mira, wie das mit dem Entbeinen der Wachteln ist:

> *Ich stehe in der Küche und löse Wachteln aus. Dazu schneidet man mit einer scharfen Schere das Rückgrat der kleinen Vögel heraus und legt sie dann flach auf ein Brett. Kleine, blasse Leichen. Ihr Skelett ist so zart, dass man kein Messer, nicht einmal besonders kräftige Hände braucht, um den Brustknorpel zu brechen. Ich fühle die winzigen Rippen der Wachtel, fingere sie vorsichtig heraus, dann die Schulterblätter, die Hüftknochen. Nur die Schenkelknochen lasse ich ihr, neunundzwanzig ausgelöste Wachteln liegen nun sorgsam geschichtet in einer Schüssel, nun wartet die Letzte darauf, entbeint zu werden.*
> *Ich koche für meine Hochzeit.*

Truthahnbrustfilet in kleine Stück schneiden oder faschieren, mit ca. 50 ml Obers, Salz, etwas Paprikapulver, dem Kardamom, fein geschnittenen Petersilienblättern und 2 Eiswürfeln vermischen, in der Moulinette auf ein paar Mal fein pürieren (cuttern), die Farce danach mit noch einmal 50 ml Obers abrühren (die Farce soll so locker wie

möglich sein, darf aber nicht zerlaufen – wie viel Obers die Masse aufnimmt, hängt u. a. von der Verarbeitungstemperatur ab).
Eine Form, in der die Wachteln gedrängt Platz haben, dick mit Butter ausschmieren, die Wachteln mit der Farce füllen und mit der Bauchseite nach unten nebeneinanderlegen. Mit Meersalz salzen, mit Butterflocken belegen, Olivenöl darüber.
15 Minuten im auf 220 Grad vorgeheizten Rohr backen, danach die Temperatur auf 80 Grad reduzieren und 30–45 Minuten gar ziehen lassen.

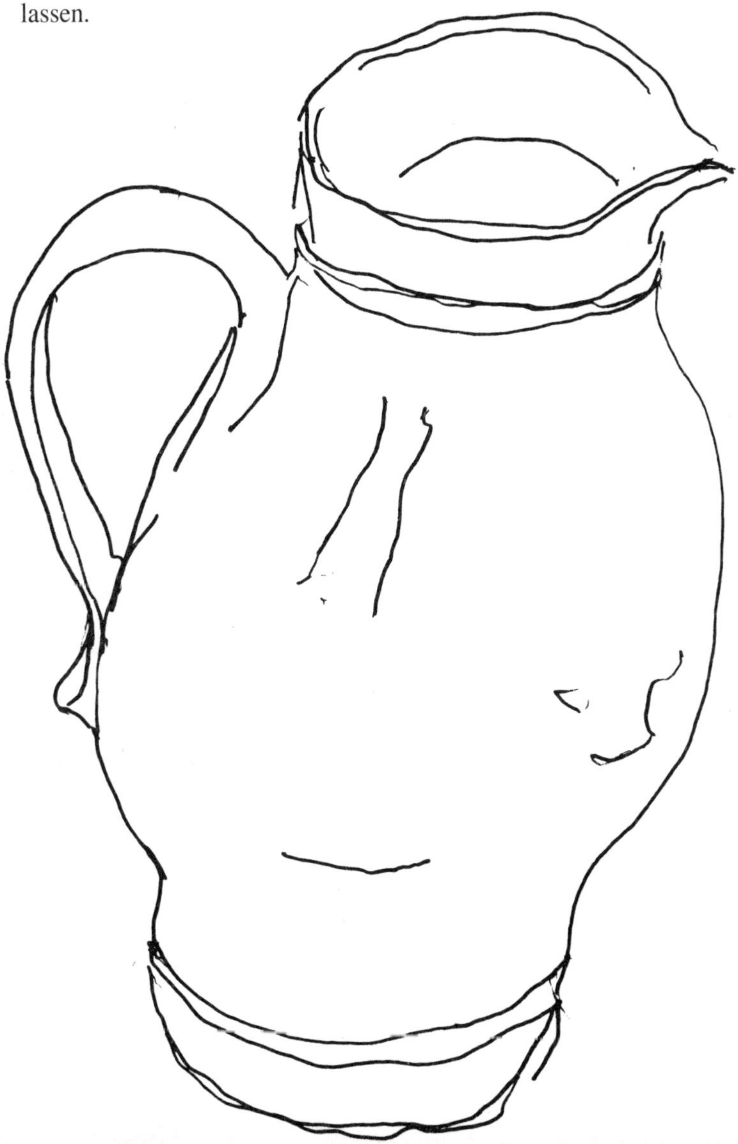

NYPD
Courtesy
Professionalism
Respect
THE
DAVINCI
cDonald's

New York

Mira hat ein Jahr lang in New York gelebt. Und ich hatte eine Zeit lang meine Lieblingslokale nicht in Wien, sondern in New York. Es war mein Fluchtpunkt in den späten 1980ern. Immer wenn ich als politische Journalistin in Österreich die Nase voll hatte, bin ich nach New York, manchmal nur für drei, vier Tage.

> *Wie hatte ich die Geräusche dieser Stadt vermisst. Das Verkehrsbrausen, das bloß zunahm und wieder abnahm, aber nie aufhörte. Die Hupen und selbst die Sirenen. Ich stand in der Mitte der Dachterrasse meines Hotels und sah auf die Wolkenkratzer rundum. Die Lichter gingen an, Millionen von Lichtern, Leben.*

So schwärmt Mira Valensky im Krimi „Freudsche Verbrechen", als sie sich in New York auf die Spuren einer jungen Frau begibt, die ausgerechnet im Wiener Freud Museum ermordet worden ist.
Kulinarisch gibt es in New York wohl – fast – nichts, was es nicht gäbe. Chinatown, dessen Märkte im Durchschnitt deutlich besser sind als seine Restaurants, Austernbars, Steakhäuser (das Prime Rib bei „Smith&Wollensky" – nie vergesse ich, wie einen die blitzschnellen und alles andere als förmlichen Kellner mit „Hi, folks, how are you doin'" empfangen), Lokale aller Ethnien. Aber vor allem auch – für mich so ganz typisch newyorkerisch – die vielen Delis und Coffeeshops.

Nach nine-eleven war ich nicht mehr in New York, es hat sich nicht ergeben und ich hasse langwierige Sicherheitsprozeduren ebenso wie politische Systeme, die Menschen bestimmter Nationalitäten generell zu Feinden stempeln.
So lasse ich Mira an meiner Stelle in diese atemberaubende Stadt fahren, ich sehe sie durch die Häuserschluchten gehen, spüre diese Mischung aus feuchtem Wind, Benzindämpfen, dem Duft des Deli an der Ecke und dem der Pizzeria auf der anderen Straßenseite und denke mir, dass ich trotz allem bald wieder einmal hin muss, nach Manhattan.

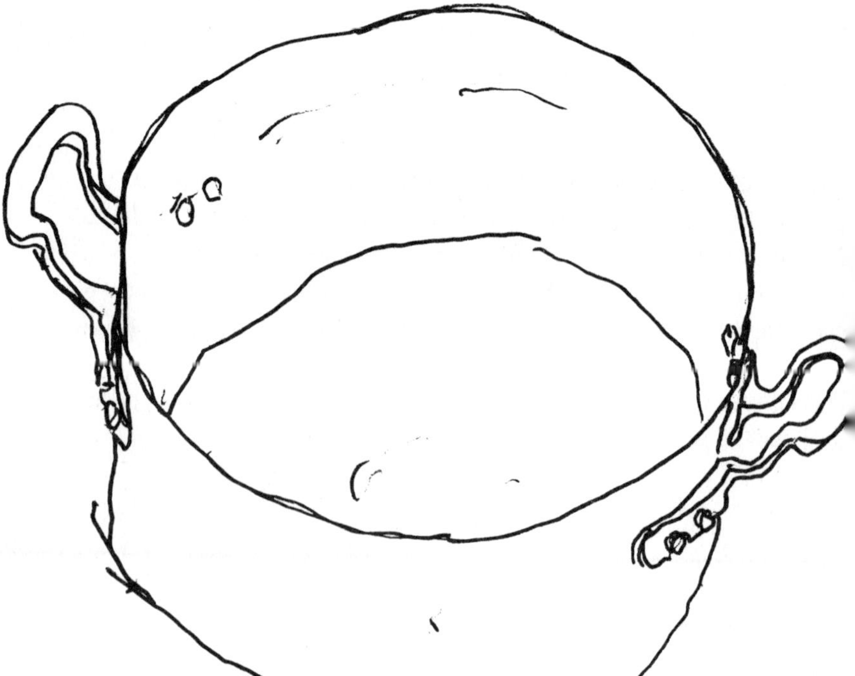

Seafood Linguini

Dieses Gericht kocht Mira zur Erinnerung an New York und als kulinarisches Gegenprogramm im Roman „Kaltes Fleisch".

100 g Garnelen mit Schale
100 g Shrimps
100 g Jakobsmuscheln
100 g Anglerfilet oder ein anderes festes weißfleischiges Fischfilet
(Fisch und Meeresfrüchte können auch tiefgefroren sein)
3 Knoblauchzehen
100 g Zwiebel (= 1 kleine Zwiebel)
20 g Butter
20 ml Olivenöl
1 Peperoncino

40 ml Cognac
100 ml Fischfond (Rezept Seite 169, ersatzweise Wasser mit vegetarischer Suppenwürze 15 Minuten verkochen lassen)
40 ml Obers
1 Tl Stärkemehl
40 ml Weißwein

*

150 g Linguini
frische Kräuter

Garnelen, Shrimps, Anglerfilet und Jakobsmuscheln gegebenenfalls antauen lassen. Anglerfilet in große Würfel schneiden, Garnelen, wenn nötig, entdärmen und den Panzer abziehen. Zwiebel ganz fein schneiden und zusammen mit dem zerkleinerten Peperoncino in Butter und Olivenöl hell anrösten. Garnelenschalen einrühren. Bei kräftiger Hitze bräunen, den feinblättrigen Knoblauch dazugeben, umrühren. Mit dem Cognac ablöschen, aufkochen lassen.
Die Garnelenpanzer herausfischen. Anglerwürfel, Garnelen, Jakobsmuscheln in die Pfanne geben, umrühren, mit 100 ml heißem Fischfond und dem Obers aufgießen. Wenn die Flüssigkeit kocht, Shrimps dazu, sofort vorsichtig mit dem in Weißwein aufgelösten Stärkemehl binden, vom Herd nehmen.
Linguini al dente kochen und mit der Seafood Sauce vermischen. Auf heißen Tellern anrichten. Das Gericht mit frischen Kräutern vollenden.

Seafood Chowder

Die Zubereitung ist ganz ähnlich wie bei bei der Seafood Sauce – und doch ist es etwas ganz anderes.

100 g Garnelen mit Schale
100 g Shrimps
100 g Jakobsmuscheln
100 g Anglerfilet oder ein anderes festes weißfleischiges Fischfilet
(Fisch und Meeresfrüchte können auch tiefgefroren sein)
3 Knoblauchzehen
Jungzwiebeln
200 g Kartoffeln
1 Stangensellerie

20 g Butter
20 ml Olivenöl
1 Peperoncino
40 ml Cognac
400 ml Fischfond (Rezept Seite 169, ersatzweise Wasser mit vegetarischer Suppenwürze 15 Minuten verkochen lassen)
40 ml Obers
1 El Stärkemehl
40 ml Weißwein

Garnelen, Shrimps, Anglerfilet und Jakobsmuscheln gegebenenfalls antauen lassen. Anglerfilet in große Würfel schneiden, Garnelen, wenn nötig, entdärmen und den Panzer abziehen. Den weißen Teil der Jungzwiebeln in ganz feine Scheiben schneiden und zusammen mit dem zerkleinerten Peperoncino in Butter und Olivenöl hell anrösten. Garnelenschalen einrühren. Bei kräftiger Hitze bräunen, den feinblättrigen Knoblauch dazugeben, umrühren. Mit dem Cognac ablöschen, aufkochen lassen.
Die Garnelenpanzer herausfischen. Mit dem Fischfond aufgießen. Wenn die Flüssigkeit kocht, 1 cm große Kartoffelwürfel und 1 cm breite Selleriestücke einlegen, bissfest kochen. Stärkemehl in kaltem Weißwein abrühren, den Fond damit dickcremig binden. Anglerwürfel, Garnelen, Jakobsmuscheln einlegen. Wenn die Flüssigkeit wieder kocht, Shrimps, Obers und in dünne Ringe geschnittene Jungzwiebel dazugeben, nach dem Aufkochen sofort vom Herd nehmen. Auf heißen Tellern anrichten.

New Yorker Frühstück

Mein erstes Mal New York: Ich habe in einem sehr durchschnittlichen Coffeeshop Frühstück bestellt, zu einem ziemlich hohen Preis. Aber dann ging es los – nicht nur mit dem sagenhaften Getränk, das in New York nach wie vor hartnäckig als „Coffee" bezeichnet wird (und das ich im Gegensatz zu allen echten Kaffeeliebhabern mag). „Eggs?", wurde ich gefragt, ich nickte, und auf die Frage, welcherlei Eier ich denn wolle, muss ich so überfordert dreingesehen haben, dass mir die freundliche Kellnerin vorschlug, eine „Mixture" zu nehmen. „Potatoes?" Zum Frühstück? Ich nickte. Why not.

Ich bekam Fried Eggs, eine Art Omelette, ein Ei im Glas, Bratkartoffeln, gegrillte Tomaten und gegrillte (Dosen-)Ananas, knusprig gegrillten Ham, Bagels, Butter, Marmelade in einem eigenartigen Pinkton, Würstchen, Cream Cheese und sicher noch einiges mehr, das ich inzwischen vergessen habe.

Das also war ein New Yorker Frühstück, das man besser erst gegen Mittag genießen sollte und nach dem man den ganzen Tag nichts mehr braucht als viel frische Luft, am besten bei einem Spaziergang die Docks entlang zur Fähre nach New Jersey oder Staten Island.

Als New-York-Rückkehrerin liebt auch Mira solche Frühstücksorgien.

Was man dazu braucht: Eine sehr gut beschichtete Pfanne oder – viel besser noch – eine Grillplatte. Und: jede Menge Fantasie, es lässt sich fast alles zum Frühstück servieren. Außerdem: Auch wenn ich das in New York nur einmal, in einem der wenigen wirklich „fashionablen" Coffeeshops bekommen habe – für mich gehört auch frisch gepresster Orangen- oder Grapefruitsaft dazu.

Im Folgenden eine kleine New Yorker Frühstückszusammenstellung zu Kaffee, Saft und – auch wenn ich das in New York noch nie erlebt habe – vielleicht einem Gläschen Sekt.

Bagels oder Beigel (gibt es inzwischen auch bei uns, man muss sich durchkosten, auch einige der tiefgefrorenen schmecken gar nicht übel, wenn man sie frisch aufbäckt)
Toastbrot
Vollkornbrot
Cream Cheese (Frischkäse)
Butter
Marmelade
Mixed Pickels
Lachs
frische Früchte

Zum Braten in der Pfanne oder auf dem Grill

Fleischtomaten
frische Ananas
Schinkenspeck
Würstchen (je nach Geschmack, ich mag z. B. die scharfen Debreziner)
Eier
etwas Obers
gekochte Kartoffeln
hitzebeständiges neutrales Öl
Olivenöl
Salz, Pfeffer aus der Mühle
Chilipulver

Tomaten

Halbieren, rundum mit Olivenöl bepinseln, salzen. Auf beiden Seiten braten.

Ananas

Am besten mit dem Ananasschneider in Scheiben schneiden, andernfalls mit dem Messer die Schale großzügig entfernen und die Frucht in Scheiben schneiden, leicht salzen, mit etwas Chilipulver bestreuen, mit wenig Öl bestreichen und auf beiden Seiten grillen.

Schinkenspeck

Nicht zu dünn schneiden (ca. 3 mm dick), ohne Fettzugabe auf beiden Seiten braten oder grillen. Danach auf Küchenpapier gut abtropfen lassen, etwas salzen. Auf einem heißen Teller mit Küchenpapier servieren.

Würstchen

Mit Olivenöl bepinseln, einschneiden und auf zwei Seiten knusprig braten.

Fried Eggs

Eier in einer beschichteten Pfanne oder auf dem Grill mit ganz wenig Öl bei starker Hitze anbraten, dann wenden und für 1 Minute weiterbraten. So bleibt der Dotter innen noch cremig.

Scrambled Eggs (bei uns in Österreich: Eierspeis', in nördlicheren Gegenden: Rühreier)

Eier mit Obers (1 El pro Ei) mit dem Schneebesen verrühren, salzen. In einer beschichteten Pfanne ganz wenig Butter und Öl erhitzen, Eiermasse hineingleiten lassen, ständig umrühren. Die Eier sollen ganz locker bleiben, daher vom Feuer nehmen, sobald 2/3 der Masse gestockt sind, am Herdrand weiterrühren. Auf einem heißen Teller servieren.

In New York habe ich Rühreier auch immer wieder mit Pilzen serviert bekommen, aber es waren meist Dosenchampignons, und die sind verzichtbar. Wer allerdings ein paar Steinpilze oder Herbsttrompeten in Öl anröstet, bevor die Eiermasse hineinkommt, kann sich über ein neues Geschmackserlebnis freuen.

Oder – nicht unbedingt newyorkerisch, aber sehr gut: Während des Verrührens der Eier einige Tropfen guten Trüffelöls beifügen. Und sollten gar echte Trüffeln verfügbar sein, die Eier anrichten und Trüffel darüberreiben.

Verlorene Eier

Reichlich Wasser mit einem guten Schuss Essig zum Kochen bringen. Jeweils ein möglichst kleines Ei aufschlagen und in eine kleine Edelstahlschüssel (oder aus einem anderen hitzebeständigen Material) gleiten lassen. Die Schüssel ins kochende Wasser halten, bis das Eiklar auf der Unterseite etwas anzieht, dann das Ei vorsichtig aus der

Schüssel in das Kochwasser geben. Ca. 3 Minuten auf kleiner Flamme köcheln lassen. In einem Glas anrichten, evtl. mit einem langen Schnittlauchhalm garnieren. Salz dazustellen.

Kartoffeln

Festkochende Kartoffeln gut abschrubben und kochen. Samt Schale der Länge nach in 1,5 cm dicke Scheiben schneiden, etwas salzen und in der Pfanne oder auf dem Grill mit ganz wenig Öl auf beiden Seiten goldbraun knusprig braten.
Leider bekommt man die „Potatoes" in der New Yorker Realität meist frittiert und fett – überall anders auf der Welt würde ich sie verweigern, aber dort schmecken mir sogar die, irgendwie.

Ein Korb frischer Früchte gibt einem das Gefühl, doch nicht nur kalorien-, cholesterin- und fettreiches Zeug gegessen zu haben – manchmal hilft es schon, ihn bloß anzusehen …

Beigel mit Lachs und Frischkäse

Für alle, die den Tag nicht gleich nach dem Frühstück abschließen möchten, hier mein Lieblingsbeigel, den ich einst in Midtown-Manhattan gegessen habe:

2 frische Beigel
100 g Räucherlachs
50 g Frischkäse
10 g Butter
evtl. schwarzer Pfeffer aus der Mühle

Beigel in der Mitte durchschneiden, auf beiden Schnittseiten ganz dünn mit Butter bestreichen und unter dem Grill (entweder im Backrohr oder in einem Elektro-Grill) wärmen oder toasten, bis die Schnittseiten knusprig sind. Beide Beigelhälften mit Frischkäse bestreichen, Lachs darauflegen, zusammensetzen. Evtl. mit frischem Pfeffer aus der Mühle würzen.

*

Gemüsesticks

Gemüsesticks sind ein in New York sehr beliebtes Amuse-Gueule der gesunden Art, quasi der Gegenpol zum Fastfood.

1 Bio-Karotte
1 Bio-Stangensellerie
1 gelber Bio-Paprika
6 Bio-Kirschparadeiser
6 Bio-Karfiolröschen
(wenn nicht bio, dann jedenfalls Produkte mit gutem Eigengeschmack)
100 ml Sauerrahm
1 Tl Dijon Senf
Salz, Pfeffer aus der Mühle
evtl. zerdrückter Knoblauch, Paprikapulver, Chilipulver

Sauerrahm mit Senf, Salz, Pfeffer und evtl. Knoblauch, Paprikapulver, Chilipulver verrühren.
Gemüse gut waschen, Karotte schälen. Karotte, Sellerie, Paprika in 8 mm dicke Stifte schneiden, die Stifte in ein kleines Glas stecken. Glas auf einen Teller mit Spitzenpapier stellen, darum herum die Kirschparadeiser, die Karfiolröschen und zwei Schälchen mit der Sauerrahm-Sauce anrichten.
Eine alternative Sauce habe ich im Veneto bei unserem Armando kennengelernt:
Guten Senf 1:1 mit Olivenöl stabmixen.
Und für die, die es lieber etwas südamerikanisch haben: 1 Avocado mit dem Saft von 1 Limette, 2 zerdrückten Knoblauchzehen, Salz, Chilipulver oder Pfeffer aus der Mühle mixen.

Sellerie-Apfel-Salat

Fertigpizza, Fastfood – und eine Menge Healthstores, das kann man in Manhattan in ein und derselben Straße finden. Man braucht also nur zu wählen – vorausgesetzt, das Geld spielt keine Rolle, denn gesundes Essen ist deutlich teurer.

2 Stangensellerie
2 Äpfel
50 g Walnüsse
100 ml Sauerrahm
Saft von 1 Limette
Salz, Pfeffer aus der Mühle

Sauerrahm mit Limettensaft, Salz und Pfeffer mixen. Das Kerngehäuse der Äpfel entfernen, Äpfel samt Schale in Stifte schneiden (ca. 5 mm dick) und sofort in die Marinade rühren. Walnüsse grob hacken und dazugeben. Sellerie waschen, in 5 mm dicke Scheiben schneiden, unterrühren. Den Salat kühl stellen und mindestens 1 Stunde ziehen lassen.
Wer es nicht ganz so vegetarisch mag, gibt kaltes gekochtes oder gegrilltes Hühnerfleisch dazu.

Caesar Salad

Bei uns gibt es ihn in den unglaublichsten Varianten, oft in dem Glauben, in einen „Kaiser“-Salat müsse so viel als möglich hinein. Dabei handelt es sich beim klassischen Caesar Salad lediglich um einen grünen Salat mit Croutons, Parmesan und einem ganz speziellen Dressing.
Er hat übrigens auch nichts mit irgendeinem Kaiser zu tun, er wurde – nein, nicht in New York – in Tijuana in Mexico vom Italiener Caesar Cardini erfunden. Den allerbesten habe ich im „Waldorf Astoria“ gegessen. Einmal wollte ich in dieses prunkvolle Hotel, und der Caesar Salad war das Günstigste auf der Karte (alles ist eben relativ …).

1 Häuptel Eisbergsalat (original ist Salat Romaine, aber den gibt es bei uns ganz selten), evtl. gemischt mit Kochsalat

*

10 ml Olivenöl
2 Knoblauchzehen
2 Scheiben Weißbrot
Salz, schwarzer Pfeffer aus der Mühle

*

3 Knoblauchzehen
1 Ei
20 ml Zitronensaft
1 Tl Worcestershire Sauce
60 ml Olivenöl
50 g Parmesan zum Reiben

Rohr auf 180 Grad vorheizen. Olivenöl mit den 2 geschälten, der Länge nach halbierten Knoblauchzehen vorsichtig erhitzen (der Knoblauch darf nicht braun werden!). 10 Minuten am Herdrand zie-

hen lassen, dann den Knoblauch herausnehmen. Brot in Würfel schneiden, in einer Schüssel mit dem Knoblauch-Olivenöl vermischen, danach auf ein Blech mit Backpapier oder besser einer Silikonmatte legen, mit Salz und Pfeffer würzen. Goldbraun backen (ca. 10 Minuten).
Das Ei 1 Minute kochen. Mit zerdrücktem Knoblauch, Zitronensaft, Worcestershire Sauce, Salz, Pfeffer stabmixen. Dann das Olivenöl einmixen.
Salat waschen, trocken schleudern, in mundgroße Stücke zerkleinern und in einer Schüssel mit dem Dressing locker vermischen. Sofort in tiefen Tellern anrichten, mit den warmen Croutons bestreuen und mit dem Sparschäler oder einem feinen Käsehobel Parmesan frisch darüberhobeln.

Crab Cakes

120 g Crabmeat (Krebsfleisch, am besten ist natürlich, man löst es selbst aus frischen Taschenkrebsen heraus, aber auch ein paar von den Dosenprodukten schmecken gar nicht so übel – das Krebsfleisch gut abtropfen lassen)
3 El Krabben- oder Shrimpspaste aus der Tube
1 El Senf (je nach persönlichem Geschmack mild oder scharf)
1 Ei
3 El Brösel
Salz
Cayennepfeffer
10 ml Olivenöl

Rohr auf 200 Grad vorheizen. Alle Zutaten bis auf das Öl gut miteinander vermischen.
Ein Backblech mit Backpapier oder besser einer Silikonmatte belegen, Olivenöl aufpinseln. Mit einem Esslöffel 6 kleine Cakes auflegen. Im Rohr ca. 20 Minuten goldbraun backen.
Dieses Rezept hat den Vorteil, dass sich die Cakes nicht, wie wenn sie in tiefem Öl gebacken werden, mit Fett vollsaugen können.
Es funktioniert auch gut mit frischem oder gut abgetropftem Dosenthunfisch.

Überbackene Austern

Natürlich ist es an sich ein Sakrileg, diese köstlichen Muscheln anders als roh zu essen. Aber von diesem Gericht in einer New Yorker Oyster Bar war ich hingerissen.

6 Austern (unbedingt geschlossene Muscheln, nur sie leben und sind daher frisch!)
2 El Crème fraîche
1 Dotter
1 El Brösel
Salz
6 Butterwürfel (1 cm groß)

Austern öffnen: Dazu benötigt man ein Austernmesser und ein dicke Handtuch, um die Hand zu schützen. Zuerst die Auster mit der gewölbten Seite nach unten in die mit dem Handtuch geschützte linke Hand nehmen, der spitze Teil, auch Austernschluss oder Austernschloss genannt, zeigt zum Körper. Dann gilt es den Punkt zu suchen, an dem sie sich leicht öffnen lässt – er liegt bei den gängigen Felsenaustern auf der rechten Seite, ca. 2/3 vom Austernschluss entfernt (oder man lässt sich diesen Punkt vom Fischhändler zeigen). Dort das Messer zwischen oberer und unterer Schale ansetzen, vorsichtig hin- und her bewegen. Wenn sich die Auster öffnet, Messer am Muschelrand entlang bewegen und den Deckel heben. Wenn nötig, die Schalenhälfte mit der Auster mit einem Küchentuch säubern.
Grill im Rohr auf das Maximum vorheizen. Das Wasser der Austern ableeren, Austern in der Schale auf ein Backblech setzen. Alle Zutaten zum Überbacken vermischen, mit einem Löffel auf den Austern verteilen. Jeweils einen Butterwürfel darauf. Im Rohr ganz kurz überbacken, bis die Masse goldbraun ist. Die Austern sollten noch halb roh sein.
Auf großen, mit Salatblättern belegten Tellern servieren. Dazu gibt es frisches Weißbrot.

Überbackenes Anglerfilet

Das habe ich vor beinahe 20 Jahren bei der Witwe des ehemaligen Parteichefs der US-amerikanischen Sozialisten gegessen. Es war ein in vielerlei Hinsicht spannender Abend, man muss wissen, dass in den USA schon damals die Sozialisten mindestens ebenso schief angeschaut wurden wie hierzulande die Kommunisten. Die Oststaaten-Intellektuelle erzählte u. a. vom Dilemma, ihre Kinder entweder aus ideologischen Gründen in öffentliche Schulen schicken und ihnen damit eine höchstens mittelprächtige Ausbildung bieten zu können, oder sie vernünftigerweise in eine der teureren, aber guten Privatschulen zu geben. – Und nebenher zauberte sie ein erstaunliches Menü. Schnell und köstlich.

300 g Anglerfilet
10 g Butter
20 ml Olivenöl
100 g Ziegenfrischkäse
Meersalz, schwarzer Pfeffer aus der Mühle

Grillfunktion des Backrohs auf maximale Temperatur vorheizen, andernfalls maximale Oberhitze. Anglerfilets in 6 dünne Steaks schneiden. Salzen und pfeffern. Rasch in Öl und Butter auf beiden Seiten anbraten. Mit der Öl-Butter-Mischung in eine glasierte Form geben. Den Fisch mit Ziegenfrischkäse belegen. Überbacken, bis der Käse goldgelb ist.

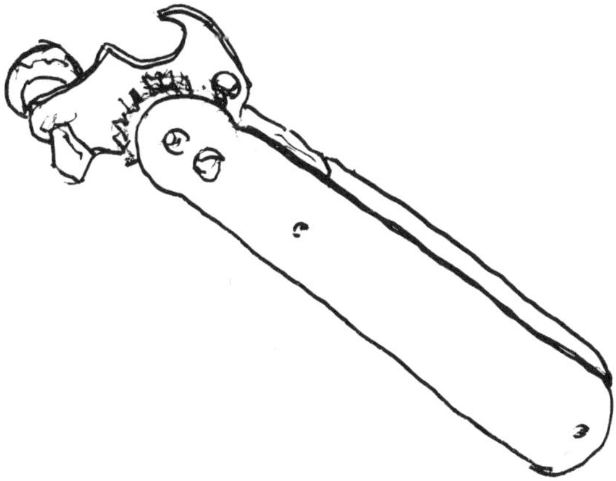

Steak mit Folienkartoffel und gebackenen Zwiebelringen

Mira kennt ein irisches Steakhouse in der 2nd Avenue, das sich für New Yorker Verhältnisse erstaunlich lange gehalten hat. Seine Steaks sind großartig und die Onion Rings so gut wie im berühmten „Smith&Wollensky".

500 g gut abgelegenes Rindsfilet (seit Krexner-Pepi seine eigenen Galloways züchtet, schwöre ich auf diese Rasse)
Salz und Pfeffer aus der Mühle
20 ml hitzebeständiges neutrales Öl (z. B. Sesamöl)

*

2 große möglichst mehlige Kartoffeln
10 g Butter
Salz

*

1 große Zwiebel
1 Tl Paprikapulver
1 El griffiges Mehl
Öl zum Backen

*

60 g Butter

Kartoffeln gut waschen, aber nicht schälen, mit geschmolzener Butter bestreichen, etwas salzen und möglichst dicht in Alufolie wickeln. Kartoffeln auf den Grillrost im Rohr legen und bei 180 Grad 90 Minuten braten, kleinere Kartoffeln entsprechend kürzer. Zur Probe mit einem hölzernen Grillspieß o. Ä. die Kartoffel in der Mitte einstechen; wenn das ganz leicht geht, ist die Kartoffel fertig.
Zwiebel in 5 mm dicke Scheiben schneiden, in Salzwasser 1 Minute blanchieren, zum Abtrocknen auf Küchenpapier legen. Zwiebelringe in einer Schüssel mit Salz, Paprikapulver und Mehl gut vermischen. Öl (mindestens 2 cm hoch) in einer Pfanne erhitzen, Zwiebelringe einlegen und goldbraun frittieren. Auf Küchenpapier gut abtropfen lassen.
Filet zu 2 Steaks schneiden, salzen und pfeffern. In einer schweren Pfanne das Öl erhitzen und die Steaks auf beiden Seiten 5 Minuten scharf anbraten. Dann im vorgewärmten Rohr bei 70 Grad zugedeckt 15 Minuten ziehen lassen; so werden die Steaks je nach Reife und Form medium rare oder medium. Wer sie mehr durchgebraten haben

will, sollte bedenken, dass es sich bei der roten Flüssigkeit, die beim Anschneiden austritt, nicht um Blut, sondern um Fleischsaft handelt, und es doch einfach einmal probieren – ansonsten die angebratenen Steaks bei 75 Grad 30 Minuten ziehen lassen.
Auf heißen Tellern die Steaks anrichten. Die Kartoffeln aus der Folie nehmen, danebensetzen, mit zwei Gabeln aufreißen, salzen. Die Zwiebelringe in einer mit Küchenpapier ausgelegten Schüssel anrichten. In dem irischen Pub gab es dazu ganz einfach Salz, Pfeffer aus einer großen Mühle und ganz frische irische Butter.

Prime Rib

Das originale, bei dem die Hochrippe im Ganzen gebraten und erst dann zerteilt wird, habe ich im „Smith&Wollensky" gegessen – großartig! Aber in der „Casa Rossa" im Veneto, in der Signor Viezzer seine Costata di manzo (Hochrippe, die Rippen einzeln gegrillt) am offenen Kamin in der Raummitte zubereitet, schmeckt es auch ziemlich gut. Voraussetzung: Man hat richtig großen Hunger auf viel Fleisch. Selbst zubereitet, kann dieser Teil, der samt Knochen und Filet aus dem Beiried geschnitten wird, zum Ereignis des Abends werden. So gut, wie es in den erwähnten Lokalen schmeckt, hab ich das Prime Rib aber nie hinbekommen.

1 Rindskotelett (ca. 1500 g Fleisch) von der Hochrippe
Salz, Pfeffer aus der Mühle
40 ml hitzebeständiges Öl

Prime Rib auf Zimmertemperatur erwarmen, salzen und pfeffern. In einer schweren Pfanne oder auf dem Grill das Öl erhitzen, bei mittelstarker Hitze das Fleisch auf beiden Seite ca. 10 Minuten anbraten. Danach 30 Minuten im auf 75 Grad vorgeheizten Ofen ziehen lassen.
Sehr gut passt neben Ofenkartoffeln und Baked Onion Rings auch Mangoldgemüse (Rezept Seite 99) dazu. Oder, für die, die es fleischreich, aber mager mögen: ein Salat aus Radicchio und Rucola, mariniert mit Olivenöl, weißem Balsamico, Salz und Pfeffer aus der Mühle.

The Real Hamburger

Der Hamburger hat sich nicht verdient, was diverse Fastfoodketten aus ihm gemacht haben! Mir ist er oft lieber als ein Steak – und in New York, vor allem in irischen Lokalen, kann man wunderbar saftige Hamburger finden. Geheimrezepte gibt es wie Sand am Meer, das wirkliche Geheimnis ist gutes Rindfleisch.

300 g faschiertes Rindfleisch (immer frisch faschieren lassen und sofort verarbeiten oder selbst faschieren, sonst oxydiert es und wird grau)
1 kleines Ei
1 El Ketchup
1 El Dijon Senf
Salz, schwarzer Pfeffer aus der Mühle
20 ml neutrales Öl
2 Hamburgerbrötchen (ersatzweise helle Wachauer Laibchen oder andere helle Weckerln)
1 reife Tomate
einige Blätter knackig grüner Eisbergsalat
Balsamico-Essig zum Besprühen
evtl. Senf, Ketchup

Das Faschierte mit dem Ei, Ketchup, Senf, Salz, Pfeffer verkneten, bis eine homogene Masse entsteht. In einer schweren Pfanne ganz wenig Öl erhitzen. 4 Laibchen (ca. 3 cm hoch) formen und bei mittlerer Hitze auf beiden Seiten dunkelbraunknusprig braten. Am Herdrand 3 Minuten ziehen lassen.
Brötchen oder Weckerln in der Mitte durchschneiden und mit den Schnittflächen nach oben grillen oder toasten. Jeweils 2 Brötchenteile nebeneinander auf einen heißen Teller geben, die gewaschenen und trocken geschleuderten Salatblätter darauflegen. Die Tomate in dünne Scheiben schneiden, auf den Salatblättern verteilen, etwas salzen, pfeffern und mit Balsamico besprühen (das ist zwar nicht newyorkerisch, aber gut für den Geschmack). Die heißen Hamburger darauflegen. Mit Senf und Ketchup servieren. Okay, wer möchte, kann Pommes frites dazugeben.

Turkey

Ein Gericht mit diesem amerikanischen Ureinwohner darf natürlich nicht fehlen. Stundenlang können Menschen aus New York über den richtigen „Stuffed Turkey“ reden, Börsenkurse regen sie lang nicht so auf. Präsident Benjamin Franklin hat seinerzeit übrigens allen Ernstes überlegt, den Adler im US-amerikanischen Wappen durch einen Truthahn zu ersetzen. Ein Thanksgiving ohne Turkey ist unvorstellbar und auch zu Weihnachten ist dieser Vogel, der auch Großfamilien satt werden lässt, äußerst beliebt.

Ursprünglich wollte ich hier ein Rezept, das ich von New Yorker Freunden bekommen habe, vorstellen. Aber als ich es kochen wollte, gab es keinen Muskatkürbis, dafür wunderschönen Sellerie. Also habe ich überlegt und eine eigene Variante entwickelt. Jedenfalls ist meine Version nicht ganz so „heavy“ wie manche klassischen Rezepte.

1 Truthahn, ca. 8000 g
1 Zitrone
Salz, schwarzer Pfeffer aus der Mühle
40 g Butter
20 g Olivenöl
40 g Butter zum Binden des Bratensaftes
20 ml Cognac für den Bratensaft

*

400 g Vorschussbrot oder Schweizerbrot, ersatzweise Weißbrot
500 g Sellerieknolle
200 g Stangensellerie
200 g Zwiebel
5 Knoblauchzehen
200 g Datteln
1 Bund Petersilie
4 Eier
40 g Butter
40 ml Olivenöl
80 ml Cognac
Salz, schwarzer Pfeffer aus der Mühle
Neugewürz aus der Mühle
1 El vegetarische Suppenwürze
10 Neugewürzkörner
20 Pfefferkörner
1 El Kardamom in der Schale (oder 1 Tl Kardamomkerne)

Die Datteln entkernen, in Scheiben schneiden und mit dem Cognac beträufeln. Das Rohr auf 180 Grad vorheizen. Das Brot in 2 cm gro-

ße Würfel schneiden und auf einem mit Öl bepinselten Blech hellbraun rösten.
Sellerieknolle gut waschen und schälen, die Schalen zur Seite geben. Sellerie in 1 cm große Würfel schneiden. In einer Pfanne das restliche Olivenöl erhitzen, fein geschnittene Zwiebel anrösten, feinblättrig geschnittenen Stangensellerie und Selleriewürfel dazugeben, rösten. Fein geschnittenen Knoblauch zum Schluss 1 Minute mitrösten. Petersilie von den Stielen zupfen und fein schneiden.
Die äußeren Flügel des Truthahns, den Hals (die Haut des Halses jedoch am Truthahn lassen, dann kann man ihn auch auf der Kopfseite füllen!), Herz und Magen, die Sellerieschalen, die Abschnitte der Stangensellerie und die Stiele der Petersilie sowie den Kardamom in 1,5 l Wasser zustellen. Mit Pfeffer- und Neugewürzkörnern sowie der vegetarischen Suppenwürze und etwas Salz abschmecken. 100 Minuten kochen, danach durch ein feines Sieb seihen.
Alle Zutaten für die Fülle mit ca. 1 l Truthahnfond locker vermischen, nicht drücken, sodass die Brotwürfel erhalten bleiben. Mit Salz, Pfeffer und Neugewürz abrunden.
Rohr auf 210 Grad vorheizen. Die Zitrone halbieren und den Truthahn damit innen und außen abreiben. Öl und Butter zergehen lassen, den Truthahn damit bepinseln, salzen. Den Bauch des Truthahns und die Kopfseite mithilfe der Halshaut füllen, beides zunähen.
Truthahn mit der Brustseite nach unten in eine große Bratform oder auf ein tiefes Blech setzen, ins Rohr schieben. Nach 10 Minuten die Hitze auf 160 Grad reduzieren. Alle 20 Minuten mit dem entstehenden Bratensaft begießen, den Saft immer wieder mit etwas vom Truthahnfond ergänzen.
Dass der Truthahn fertig ist, erkennt man, wenn man einen Bratenspieß in das Gelenk zur Hinterkeule stößt und keine rote Flüssigkeit mehr austritt; das dauert ca. 3 Stunden. Danach noch 1 Stunde bei 100 Grad ziehen lassen.
Den Truthahn unbedingt im Ganzen zum Tisch bringen und vor den Gästen tranchieren.

Wem der Vogel pur nicht imposant genug ist, der kann ihn mit Bratäpfeln (man kann sie in der letzten Stunde mitbraten) umlegen oder mit Mangold (Rezept Seite 99 – mit dem Mangold eine Hand voll frischer Cranberrys oder ersatzweise Preiselbeeren mitsautieren) anrichten.
Übrig gebliebener Truthahn lässt sich sehr gut verwerten: z. B. in einem Sellerie-Apfel-Salat (Rezept Seite 121) mit Truthahnwürfeln.

Cheesecake alias Topfentorte

Wird der Topfen mitgebacken oder nicht? Das ist nur eine der Fragen, welche die New Yorker Cheesecake-FanatikerInnen beschäftigen. Ich habe in New York mit der Torte meiner Mutter gepunktet (auch wenn es nicht ganz einfach war, echten Topfen aufzutreiben) – einer der ganz wenigen Mehlspeisen, die ich gerne und immer wieder zubereite. Danke, Mama!

6 Eier
150 g Staubzucker
120 g Mehl
500 g Topfen
250 ml Milch
125 g Zucker
3 Eier
1 Pkg. Bourbon-Vanillezucker
1 Bio-Zitrone
250 Obers
8 Blatt Gelatine
Staubzucker zum Bestreuen

Dotter und Zucker dickschaumig rühren. Eiweiß zu Schnee schlagen, abwechselnd mit dem Mehl und etwas abgeriebener Zitronenschale vorsichtig unter die Dotter-Zuckermasse ziehen. In eine beschichtete Springform geben. Rohr auf 180 Grad Unterhitze vorheizen, ca. 30 Minuten backen, bis der Biskuit oben goldbraun ist.
Biskuit abkühlen lassen, aus der Form nehmen und quer durchschneiden.
Gelatine in kaltem Wasser einweichen. Milch mit dem Zucker erhitzen, bis die Mischung ca. 60 Grad hat. Die ausgedrückte Gelatine in

der warmen Flüssigkeit auflösen, etwas abkühlen lassen. Die 3 Dotter mit dem Schneebesen einrühren, dann Topfen, Vanillezucker und abgeriebene Zitronenschale dazugeben. Wenn die Masse lauwarm ist, geschlagenes Obers vorsichtig unterziehen.
Die Springform mit einigen Tropfen Wasser benetzen und die Wände mit Klarsichtfolie auslegen. Mit einer Palette vorsichtig den Tortenboden in die Form geben, darauf die Topfenmasse verteilen, den zweiten Biskuitteil daraufsetzen. Im Kühlschrank mindestens 3 Stunden fest werden lassen.
Anschließend die Springform vorsichtig öffnen, Klarsichtfolie abziehen. Topfentorte mit Staubzucker bestreuen. Torte samt Boden der Springform auf einen mit Spitzenpapier belegten Tortenteller setzen.

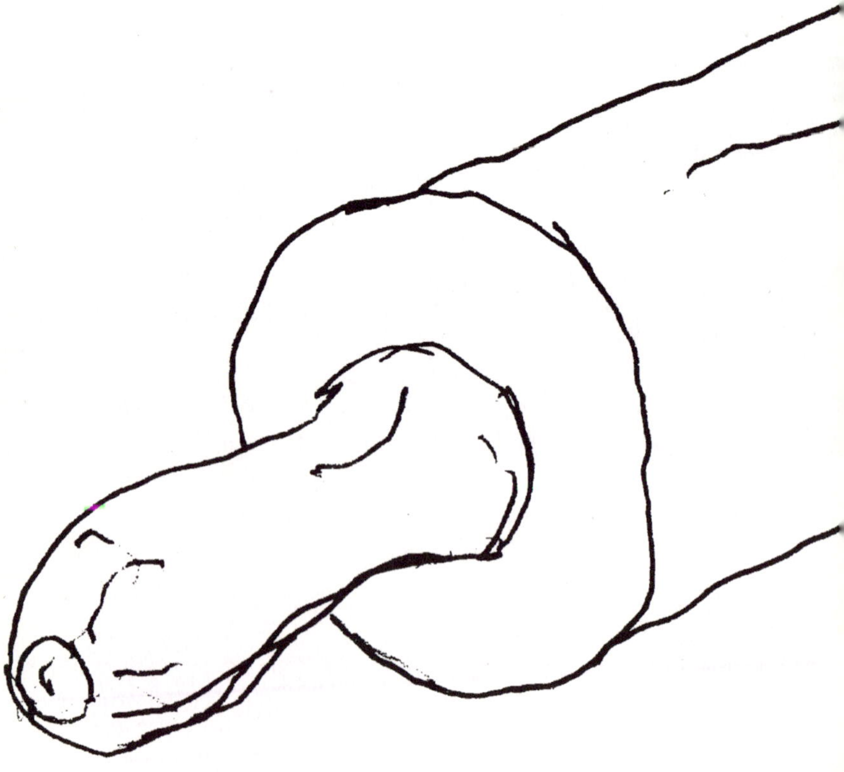

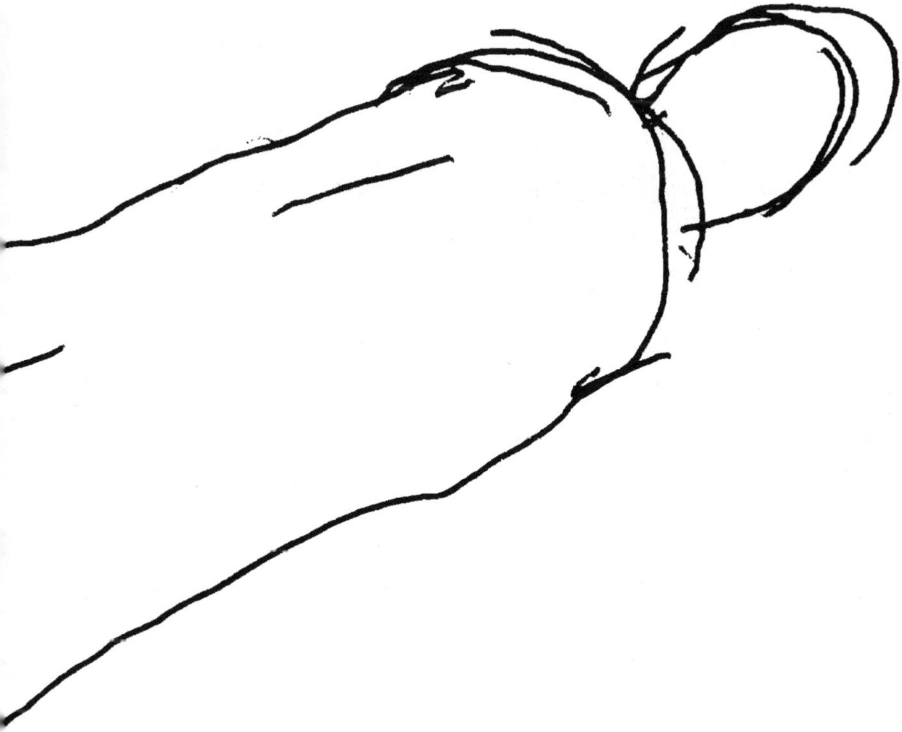

njoy ourself
t's ater
than you think.

Lager
Lager

Karibik

Vesna gewinnt in einem etwas dubiosen Preisausschreiben – und fliegt in die Karbik. Mira hat gerade Liebeskummer und darf für das „Magazin" das Luxushotel „Pleasures" testen – und fliegt Vesna hinterher. Die beiden verbringen – in mehrerlei Hinsicht – eine höchst abenteuerliche Zeit auf der kleinen Insel St. Jacobs, irgendwo in den West Indies. Nicht ohne kriminalistische Fälle – und natürlich kulinarische Genüsse.

Meine Lieblingsinsel heißt St. Kitts, und wann immer ich dort ankomme, fühle ich mich zu Hause. Das habe ich sicher auch Sue und Ray zu verdanken, unseren großartigen Gastgebern in einem Haus mit vier Apartments, umgeben von einem atemberaubenden karibischen Garten. Dort überarbeite ich jedes Jahr drei Wochen lang meinen Kriminalroman, ungestört, mit Blick über einen Riesenficus aufs Meer. Und spätestens gegen 11 Uhr verabschiede ich mich von Mira und Vesna und mache Urlaub. Ich schwimme und laufe und liege in der Sonne oder im Schatten, ich kaufe auf dem lokalen Markt ein, ich koche, und ab und zu gehen wir auch essen.

Aber das ist so eine Sache. Eine Restauranttradition gibt es auf St. Kitts ebenso wenig wie auf den meisten anderen Westindischen Inseln. Am Wochenende hat man von jeher am Straßenrand Holzkohlengrills aus halbierten Ölfässern aufgebaut und Chicken und Fish gegrillt – und das gibt es heute noch. Der Geruch am Freitagabend ist betörend …

Das typische Restaurantessen ist auf die Touristen ausgerichtet, und auch wenn sich die amerikanischen Urlauber etwas gebessert haben, was die Einstellung zum Essen betrifft – irgendwie scheinen die Köche der paar noblen oder weniger noblen Restaurants nicht daran zu glauben. Wer wirklich etwas von der Inselküche erleben will, muss sich durchfragen, einige Profis gibt es inzwischen, die auch lokale Küche anbieten.

Meine Lieblingsköchin in der Karibik ist und bleibt jedoch Olivia. Sie betreibt gemeinsam mit ihrem Mann Hanley und ihrer Tochter Clarissa die „Sunset Beach Bar". Ihr karibisches Huhn habe ich in „Karibik all inclusive" zum Chicken Rosemary gemacht. Olivia hat mir gezeigt, was die Küche der Insel tatsächlich ausmacht. Und ich habe mehr Glück als Mira: Sie kann im Roman zwar immer wieder beim großartigen Koch Michel essen, aber ich kann zusätzlich in unserem Apartment kochen, ausprobieren, was mir Olivia beigebracht hat, was ich in Kochbüchern gelesen habe, aus dem etwas machen, was mich auf dem Markt gerade angelacht hat. Seit drei Jahren gibt es in St. Kitts sogar einen Fishery Complex. Das heißt, man braucht nicht einmal mehr zu warten, bis ein Fischerboot auftaucht. Die Fischer liefern dorthin, und hinter der Theke mit viel Eis stehen zwei junge Ladys mit einer Art von Duschhaube auf dem Kopf (was mit den dortigen Hygienevorschriften zu tun zu haben scheint). Inzwischen sind sie wirklich kompetent, am Anfang waren sie bloß freundlich. Irgendwann einmal habe ich sie begeistert gefragt: „Was ist das für ein Fisch?" Ihre Antwort: „A fish." „Aber welche Art von Fisch?" „Big fish." Sie hatten unzweifelhaft recht.

Inzwischen wissen sie, dass diese Art von „big fish" ein Red Snapper ist, und ich habe gelernt, aus einem 6-kg-Snapper nicht nur Fischfilets zu schneiden, sondern auch Suppen, Tatar und vor allem marinierten, also kalt gegarten Snapper zuzubereiten. Dafür muss der Fisch allerdings wirklich frisch sein.

Das mit den Zutaten ist überhaupt so eine Sache: Manches bekommt man bei uns in Mitteleuropa einfach nicht oder nur in einer solchen Qualität, dass man besser darauf verzichten sollte. Also heißt es krea-

tiv sein und ersetzen, weglassen, das Rezept den Gegebenheiten anpassen.
Eine große Rolle spielt in der Karibik die Hot Sauce, jede Familie hat ihr eigenes Geheimrezept. Ich habe immer ein kleines Fläschchen davon dabei (sie würzt auch langweiliges Zugessen). Und Mira liebt sie genauso wie ich. Auch die industriellen Produkte sind gar nicht so schlecht; man bekommt sie in Fernost-Lebensmittelgeschäften.
Seasoning Peppers, milde Würzpfefferoni, fälschlicherweise oft auch Scotch Bonnet Peppers genannt (die ganz schön scharf sind), hingegen sind kaum zu bekommen. 6 Stück lassen sich durch 1/4 gelbe und 1/4 rote Paprika mit einem Hauch von Chili ersetzen (auch wenn dann etwas vom einzigartigen Geschmack fehlt).
Übrigens: Einige der Rezepte finden sich auch im Anhang des Krimis „Karibik all inclusive“.

Vorneweg der Drink, der Mira durch die Karibik begleitet: Rum-Punch. Ich selber habe ihn bei meinen Aufenthalten dort lieben gelernt. Olivia und Clarissa mixen ihn jeden Tag ein wenig anders, aber der Sonnenuntergang an der „Sunset Beach Bar“ ist ja auch jeden Tag unterschiedlich. Und was den fantastischen Rum der West Indies angeht: Auf den steht sogar Vesna, die sonst keine hochprozentigen Getränke mag.
Zum Rum: Ich mag den Mount Gay aus Barbados besonders gern, man bekommt ihn aber sehr schwer in Mitteleuropa; jedenfalls schmecken mir die Rumsorten von den Westindischen Inseln – sie müssen gar nicht immer besonders teuer sein – viel besser als die Exportprodukte aus Jamaika oder auch aus Kuba; doch der kubanische Rum, den man in den Weltläden kaufen kann, ist sehr gut!)

Sunset-Beach-Bar-Rum-Punch

40 ml karibischer Rum
40 ml Orangensaft
20 ml Cranberry-Saft (gibt es inzwischen auch bei uns, man kann ihn aber auch durch andere rote Fruchtsäfte ersetzen oder ganz weglassen)
1 Spritzer Angostura
viel Eis
Muskatnuss zum Darüberreiben
20 ml klarer Kokosrum (Achtung – nicht versehentlich nach den milchigen Mixgetränken greifen!

Hohe Gläser mit Eis füllen, dann alle Flüssigkeiten eingießen, mit einem Barlöffel umrühren. Zum Schluss einen Spritzer Angostura dazugeben und etwas Muskatnuss darüberreiben. Mit einem dicken Strohhalm servieren.
In unserem Apartment erfindet mein Mann Ernest immer neue Varianten, es gibt so gut wie keinen Saft, den wir noch nicht durch Rum geadelt hätten – oder ist es umgekehrt?

Lime-Rum (ganz einfach und so gut!)

40 ml guter karibischer Rum (siehe oben)
10 ml Limettensaft
viel Eis
in dünne Streifen geschnittene Limettenschale zum Garnieren

Avocado mit gebackenem Ziegenkäse und Garnelen

Dieses Gericht bekommt Mira gleich nach ihrem langen Flug von Michel als Willkommensgruß serviert.

1/2 reife Avocado (dass sie reif ist, erkennt man daran, dass sich die Haut mit der Hand vom Fleisch lösen lässt; bei manchen Sorten kann man, wenn man die Frucht schüttelt, auch spüren, dass sich der Kern im Innern bewegt)
2 x 50 g weicher Ziegenkäse
6 Garnelen
1 Limette
20 ml Olivenöl
4 Seasoning Peppers
20 g frischer Ingwer
Salz
etwas Mehl
4 Limettenscheiben
Mayonnaise, entweder Rezept Seite 175 oder:
ca. 100 ml Rapsöl (oder ein anderes neutrales Öl)
1 Dotter
1 Tl Weißweinessig
1 Tl Senf
Salz
1 Prise Zucker

Darauf achten, dass alle Zutaten für die Mayonnaise zimmerwarm sind. Den Dotter mit Hilfe eines Schneebesens mit Essig, Senf, Salz, Zucker gut verrühren. Danach das Öl tropfenweise dazugeben und immer weitermixen, bis die Mayonnaise die richtige dickcremige Konsistenz hat.
Avocadohälfte in 4 Spalten schneiden, Haut abziehen und sofort mit dem Saft der Limette beträufeln (sonst wird das Fruchtfleisch braun). Garnelen samt der Schale – wenn nötig, vom Schwanzende her mit einem Zahnstocher den Darm ziehen – in 10 ml Olivenöl zusammen mit den Seasoning Peppers und dem geschälten und halbierten Stück Ingwer auf beiden Seiten kurz anrösten, dann auf einem warmen

Teller einige Minuten ziehen lassen; die Garnelen sollten innen noch glasig sein. Bratrückstand und Gewürze mit dem restlichen Olivenöl ergänzen.
Die beiden Ziegenkäselaibchen rundum in Mehl tauchen, in der Pfanne auf beiden Seiten goldgelb backen.
Auf einem großen Teller die Avocadospalten, die Mayonnaise, den Ziegenkäse und die Garnelen anrichten. Die Garnelen mit Limettenscheiben garnieren.

Klare Haifischsuppe

ca. 500 g Gräten, Haut, Kopf, Randabschnitte vom Hai
200 g Haifischfilet
50 g gelbfleischiger Kürbis (Butternuss- oder Muskatkürbis)
2 Karotten
1 Stangensellerie
1 Tomate
1 kleine Zwiebel
2 Jungzwiebeln samt Grün
250 ml Weißwein
20 ml Öl
Salz
frischer Thymian
4 Neugewürzkörner
12 schwarze Pfefferkörner
Hot Sauce
20 g frischer Ingwer
20 ml karibischer Kokosrum

Grob gewürfelte Zwiebel und die in feine Scheiben geschnittenen weißen Teile der Jungzwiebeln in etwas Öl anbraten. Gräten, Kopf, Haut und Abschnitte vom Hai dazu, sofort mit dem Weißwein und so viel Wasser aufgießen, dass alles 2 Finger hoch bedeckt ist. Karotten und Sellerie waschen, halbieren und in die Flüssigkeit legen, Pfeffer, ganz wenig Salz, Neugewürzkörner, Thymian, Tomate, die Randstücke vom Kürbis dazugeben und alles zum Kochen bringen. Wenn nötig, aufgestiegenes Eiweiß abnehmen. Nach 20 Minuten durch ein Haarsieb – besser noch durch ein Etamintuch – seihen, noch einmal aufkochen lassen. Mit Hot Sauce, Kokosrum und ganz fein geschnittenem Ingwer abschmecken. Haifleisch in ca. 2 cm große Würfel schneiden, Kürbis in ca. 8 mm große Würfel schneiden, mit feinen

Ringen vom Jungzwiebelgrün in die kochende Suppe geben, warten, bis sie wieder aufkocht, vom Feuer nehmen, 3 Minuten ziehen lassen, servieren.
Diese Suppe lässt sich auch aus den meisten anderen Fischsorten zubereiten.

Languste mit karibischer Butter

Ein karibischer Abend, schon beinahe kitschig schön: Rosemary, Thomas, Vesna und Mira essen bei Michel im „Golden Sand" zu Abend. Und endlich bekommt Mira „Lobster" – eigentlich sind es riesige Langusten (Spiney Lobster) und nicht Hummer, aber mit dieser Verwechslung kann Mira so gut leben wie die anderen auch.
Da frische ganze Langusten bei uns kaum zu bekommen sind, nehme ich Langustenschwänze.

2 Langustenschwänze (wenn tiefgefroren, dann langsam über Nacht im Kühlschrank auftauen lassen)
20 ml hitzebeständiges Öl (z. B. Sesamöl)
30 g frischer Ingwer
6 Seasoning Peppers
1 Jungzwiebel
40 g Butter
1 Dotter
2 El Brösel
Salz

Aus der zimmerwarmen Butter, fein geschnittenen Seasoning Peppers, fein geschnittener Jungzwiebel, fein geschnittenem oder geriebenem Ingwer und Salz eine Würzmischung rühren. Dotter und Brösel dazugeben. In Klarsichtfolie wickeln und 1 Stunde kühl stellen.
Das Backrohr auf Grillfunktion vorheizen, ersatzweise maximale Oberhitze.
Langustenschwänze der Länge nach halbieren (entlang der Mitte der Schwanzunterseite durchschneiden). In einer schweren Pfanne oder auf dem Grill im hitzebeständigen Öl so lange auf der Schalenseite braten, bis die Schale erste braune Stellen bekommt, dann umdrehen und 1 Minute auf der Fleischseite braten. Die Langustenschwänze in

eine feuerfeste Form legen, die Ingwer-Pepper-Butter auf die Fleischseite geben, 3 Minuten überbacken. Die Langustenschwänze sollten innen noch glasig sein.

Lobster-Garnelen-Suppe

Schalen von einem Spiney-Lobster (= Languste) oder auch von einem Hummer
6 Garnelenschwänze mit Schale
20 g Butter
1 Tl Tomatenmark
500 ml Fischfond (Rezept Seite 169)
40 ml karibischer Rum
2 Jungzwiebeln (nur den grünen Teil verwenden)
1/2 Tl Paprikapulver
Cayennepfeffer oder Chilipulver
Salz

Langustenschalen (evtl. auch die von einer bereits gekochten Languste) und Garnelenschalen in der Butter anrösten. Tomatenmark dazugeben, kurz mitrösten. Mit Rum ablöschen, Paprikapulver dazu. Mit dem Fischfond aufgießen, alles 15 Minuten kochen lassen. Danach den Langustenfond durch ein Haarsieb oder besser noch durch ein Etamintuch seihen. Die Suppe wieder zum Kochen bringen. Garnelenschwänze der Länge nach halbieren, entdärmen. Fein geschnittene Jungzwiebeln (nur das Grün) und die halben Garnelen in die Suppe geben, vom Feuer nehmen und die Garnelen ca. 3 Minuten glasig ziehen lassen.

Eine köstliche Variante dieser Suppe habe ich bei Manfred Buchinger kennengelernt:

Langustenbisque

100 g Weißbrot
10 g Butter
evtl. etwas Öl
evtl. zusätzliches Weißbrot

Langustenfond wie oben herstellen. 100 g Weißbrot in 3 cm große Würfel schneiden, kurz in 10 g Butter anrösten, mit dem warmen

Langustenfond aufgießen, einige Minuten kochen lassen und mit dem Stabmixer pürieren. Die Garnelen in die gebundene kochende Suppe legen, Topf vom Feuer nehmen und Garnelen glasig ziehen lassen. Oder sie in ganz wenig Butter und Öl schwenken und quasi als Beilage zur Langustenbisque am Tellerrand oder auf getoastetem Weißbrot anrichten.

Lobstercouscous

Langustenfond braucht man auch für dieses Gericht, doch es können ebenso Hühnerfond, Gemüsefond (Rezepte Seite 169, 168) oder in Wasser verkochte Gemüsewürze sein. Hier aber das Original:

60 g Couscous
250 ml Langustenfond
1 Tl Tomatenmark
2 Jungzwiebeln
2 Knoblauchzehen
20 g Butter
10 ml Olivenöl
Salz
Kardamom aus der Mühle
etwas Hot Sauce
200 g Langustenfleisch (auch Garnelen, Jakobsmuscheln, Anglerfilet schmecken)
evtl. grüner Koriander

Langustenfleisch in ca. 3 cm große Würfel schneiden. Jungzwiebeln in feine Ringe schneiden, in Butter und Olivenöl anbraten, zum Schluss fein geschnittenen Knoblauch und Tomatenmark dazugeben, kurz mitrösten. Mit dem Langustenfond ablöschen. Mit Kardamom würzen, evtl. etwas Hot Sauce dazu. Wenn alles kocht, den Couscous und das Langustenfleisch einrühren, 1 Minute mitkochen, vom Feuer nehmen und am Herdrand 5 Minuten ziehen lassen. Evtl. nachsalzen und auf heißen Tellern anrichten. Mit Langustenscheren und grünem Koriander garnieren.
Das gleiche Gericht lässt sich auch gut mit Hühnerfleisch zubereiten. Dafür einfach Langustenfond durch Hühnerfond ersetzen und Hühnerwürfel ganz kurz in etwas Olivenöl anbraten, bevor sie zum Couscous gegeben werden, und darin gar ziehen lassen.

Eine Variante des Lobstercouscous:

Lobster auf Couscous

Couscous ohne Langustenfleisch zubereiten. In einer beschichteten Pfanne einen der Länge nach halbierten Langustenschwanz mit der Schale in Olivenöl mit Gewürzen (Seasoning Peppers, Thymian, Jungzwiebel, fein geschnittenem Ingwer) braten (Grundrezept Seite 141). Je einen halben Langus-tenschwanz auf dem Couscous anrichten, den Bratrückstand mit etwas Butter ergänzen und den Saft über den Langustenschwanz gießen.

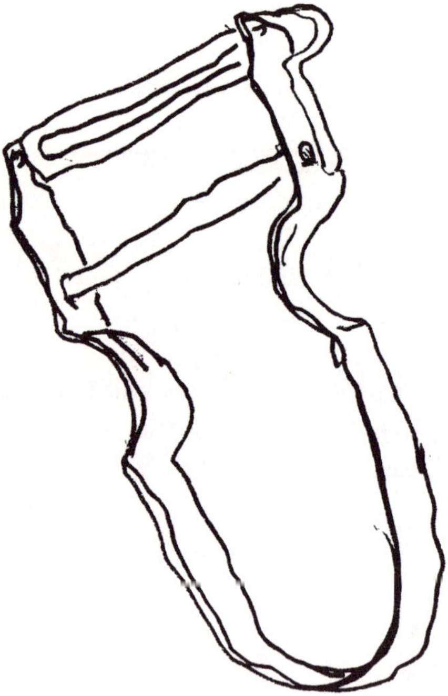

Chicken Rosemary mit Sauce Creole

Dieses Gericht bereitet in „Karibik all inclusive“ Rosemary in ihrer Strandbar zu. Und als sie Probleme mit dem Blutdruck bekommt, springt ihr Sohn Thomas ein. Mira findet nicht nur deshalb an dem attraktiven ehemaligen Weltklasseläufer Gefallen ...
Kennengelernt habe ich dieses großartige Rezept bei Olivia, meiner Lieblingsköchin in der Karibik.

2 Hühnerkeulen (Ober- und Unterkeulen)
evtl. etwas hitzebeständiges Öl
50 g brauner Rohrzucker
1 Zwiebel, fein geschnitten
2 Knoblauchzehen, fein geschnitten
40 ml karibischer Rum
Saft einer Limette
etwas Hot Sauce
1 El frische Thymianblätter
1 Tl frisch geriebener Ingwer
Neugewürz aus der Mühle

*

100 g Zwiebel
20 g frischer Ingwer
30 g Butter
20 ml Öl
6 Scotch Bonnet Peppers
2 Knoblauchzehen
1 kleiner grüner Paprika
1 El brauner Zucker
250 g ungewürztes Tomatenfruchtfleisch (frische Tomaten nur dann, wenn sie vollreif sind)
20 ml karibischer Rum
schwarzer Pfeffer aus der Mühle
frische Thymianzweige
etwas Hot Sauce

Für die Marinade Rohrzucker, Zwiebel, Knoblauch usw. gut verrühren, je nach persönlicher Vorliebe abschmecken. Hühnerkeulen waschen, gut trocken tupfen, wenn möglich, für 24 Stunden marinieren. Danach am besten auf einem Holzkohlengrill auf beiden Seiten bräunen (das Fleisch sollte noch nicht durch sein), ersatzweise in einer Grillpfanne mit etwas hitzebeständigem Öl.
Für die Sauce Creole Zwiebel und Ingwer fein schneiden und in Butter und Öl anrösten. In dünne Streifen geschnittene Scotch Bonnet Peppers, fein geschnittenen Knoblauch, in dünne Streifen geschnittenen Paprika dazugeben, mitrösten. Zucker dazugeben, unter ständigem Rühren vorsichtig karamellisieren. Mit Tomatenfruchtfleisch

samt Saft aufgießen. Mit Rum, Pfeffer, frischem Thymian und etwas Hot Sauce abschmecken, durchkochen. Hühnerkeulen einlegen, so lange köcheln lassen, bis sich das Fleisch vom Knochen zu lösen beginnt. Wenn nötig, zwischendurch mit etwas warmem Hühnerfond (Rezept Seite 169) oder Wasser aufgießen.
Auf heißen Tellern die Sauce Creole anrichten, je 1 Hühnerkeule darauflegen. Wer es gerne üppig-karibisch hat, kann Rice and Beans dazu servieren (Rezept weiter unten).

Auch Fischfilets lassen sich gut mit Sauce Creole kombinieren. Dafür Sauce Creole einreduzieren lassen, bis sie dicklich ist. Fischfilets auf der Hautseite knusprig braten, dann mit der Fleischseite auf die heiße Sauce legen und einige Minuten auf ganz kleiner Flamme gar ziehen lassen.

Caribbean Shrimps

6 große Garnelen in der Schale
20 ml Olivenöl
10 g Butter
2 Knoblauchzehen
1 Hot Pepper oder Chili
40 ml karibischer Kokosrum
2 dicke Limettenscheiben

Die Garnelen, wenn nötig, entdärmen. In der Schale in Olivenöl und Butter auf beiden Seiten anbraten, danach feinblättrigen Knoblauch und fein geschnittenen Hot Pepper dazugeben. Bevor der Knoblauch braun wird, mit Kokosrum ablöschen. Am Herdrand 3 Minuten ziehen lassen, auf heißen Tellern anrichten, den Saft darübergießen, mit einer Limettenscheibe garnieren.
Dieses Gericht kann mit Sauce Creole (siehe voriges Rezept) zu einem Hauptgang werden.

Rice and Beans

In der Karibik gibt es für Rice and Beans unzählige Zubereitungsarten. Auch welche Bohnen man verwendet, variiert und hat sich wohl meist nach der Verfügbarkeit gerichtet. Neben schwarzen Bohnen oder Black Eye Beans werden auch Spalterbsen, rote Bohnen oder Kichererbsen verwendet. „I love you once, I love you twice, I love you more than beans and rice“ – lautet ein karibischer Reim. Sowohl Rosemary aus dem Roman als auch Olivia von St. Kitts wissen: Ohne Rice and Beans ist so gut wie kein Gericht vollständig.

100 g getrocknete Bohnen (ich finde, dass Black Eye Beans am besten schmecken)
150 g Langkornreis (oder jede andere Reissorte)
1 Dose Kokosmilch (250 ml)
40 ml karibischer Kokosrum
4 Seasoning Peppers
1 kleine Zwiebel
1 Koblauchzehe
1 kleines Stück Zimt
20 g Butter

Bohnen über Nacht einweichen, danach in Wasser, das zwei Fingerbreit über die Bohnen reichen soll, ohne Salz (sonst werden sie nicht weich) kochen, abseihen.
Zwiebel fein schneiden, in der Butter anrösten. Peppers halbieren, Samen entfernen, in feine Streifen schneiden, zusammen mit dem Knoblauch rösten. Reis einrühren, 2–3 Minuten glasig werden lassen, mit der Kokosmilch ablöschen, 1 Minute einreduzieren lassen. Mit so viel Wasser aufgießen, dass sich die erforderliche Flüssigkeitsmenge ergibt (wie auf der Reispackung angegeben). Salzen, Zimtstange dazugeben und Reis weich werden lassen. Bohnen einrühren, mit Salz und Kokosrum abschmecken.
Wer es besonders „rich“ will, ruhrt noch Butter ein. (In der Karibik ist es übrigens bis heute fast immer Margarine, die hält die Temperaturen besser aus, Butter ist nach wie vor ein Luxusgut.)
Wer schneller oder spontaner kochen will, ersetzt die Trockenbohnen durch gut abgetropfte und in einem Sieb gewaschene Dosenbohnen. Man kann auch die Bohnen weglassen und ein pures Reisgericht daraus machen.

Süßkartoffeln in der Folie

2 große Süßkartoffeln

20 g Butter

Salz

Man bereitet sie ganz ähnlich zu wie herkömmliche Folienkartoffeln: Süßkartoffeln abbürsten, mit jeweils 10 g Butter in Folie wickeln und fest verschließen. Im Rohr bei 200 Grad rund 1 Stunde backen. Garprobe machen: Eine Nadel muss ohne viel Widerstand in die Kartoffel gehen. Folie entfernen, Kartoffel einschneiden oder mit zwei Gabeln aufreißen, salzen.
Sauerrahm passt zu Süßkartoffeln genauso gut wie zu herkömmlichen Kartoffeln. Oder man serviert sie mit Butter und zum Beispiel:

Mango-Paprika-Chutney

Davon eine ganz kleine Menge zu machen, zahlt sich nicht aus. Man kann Chutneys ganz heiß in Schraubverschlussgläser füllen und so konservieren oder im Kühlschrank aufbewahren.

1 Mango

3 Paprika, rot und/oder gelb

1 große Zwiebel

2 Knoblauchzehen

2 El Rosinen

20 ml Olivenöl

20 ml weißer Balsamico-Essig
(oder ein milder Fruchtessig)

Hot Sauce (ersatzweise Sweet and Hot Chili Sauce)

20 ml Mangosirup

80 ml Weißwein

80 g Gelierzucker 3:1

Mango in 2 cm große Würfel schneiden, Paprika in Streifen, Zwiebel in Würfel, Knoblauch fein schneiden. Zwiebel und Rosinen in Olivenöl goldgelb anbraten. Paprika dazugeben und mitrösten, bis sie bissfest sind, dann Knoblauch und Mango kurz mitrösten, die Mango soll nicht zerkochen. Mit Balsamico oder passendem fruchtigem Essig ablöschen, mit Hot Sauce, Salz und Mangosirup abschmecken Weißwein dazugeben, Gelierzucker einrühren, 4 Minuten kochen las-

sen. Noch heiß in Gläser füllen oder, um das Chutney bald zu verwenden, kühl stellen.
Chutneys lassen sich aus fast allen Früchten und Gemüsen (sehr gut ist eine Kombination von beidem) herstellen. Ihr Prinzip ist ganz einfach: süß – sauer – scharf. Und: Die Bestandteile sollen nicht vollständig zerkochen, sondern sich nur locker miteinander verbinden. Sie passen nicht nur gut zu gegrilltem oder gebratenem Fleisch und Geflügel, sondern auch zu Käse.

Gurken-Christophene-Salat mit Schwarzkümmel

1 möglichst reife Gurke mit dem Gewicht der Christophene
1 Christophene (auch Chayote oder Gemüsebirne genannt)
1 Tl Schwarzkümmel
2 Jungzwiebeln
1 Bund frischer Koriander
20 ml Limettensaft
40 ml Olivenöl
Salz

Gurke schälen, entkernen und in 1 cm dicke Scheiben schneiden. Leicht salzen, 15 Minuten ziehen lassen.
Christophene schälen, vierteln, Kern entfernen und in Salzwasser bissfest kochen (ca. 10 Minuten). Abkühlen lassen.
Aus Limettensaft, Olivenöl und Salz ein Dressing rühren.
Gurkenwasser ableeren, Christophene in 1 cm dicke Stücke schneiden. Gurke und Christophene mit dem fein geschnittenen Koriander, den fein geschnittenen Jungzwiebeln sowie dem Schwarzkümmel und dem Dressing vermischen. Kurz ziehen lassen.
Als Vorspeise in Glasschüsseln servieren. Oder mit gebratenen Garnelen (Rezept Seite 39) ergänzen.

Und hier noch ein ganz einfaches Christophene-Rezept (wenn man übrigens in der Karibik Marktfrauen fragt, wie man Christophene zubereiten soll, dann antworten sie gerne: „Just peel it and cook it“ – sie sagen das auch bei Breadfruit, Kürbissen, den hunderterlei Arten von Wurzelgemüse und und und ...):

Christophene in Butter

1 Christophene (auch Chayote oder Gemüsebirne genannt)
20 g Butter
10 ml Olivenöl
Salz

Christophene schälen, vierteln, Kern entfernen und die Viertel in Salzwasser bissfest kochen (ca. 10 Minuten). Der Länge nach jedes Viertel noch einmal in 3 Teile schneiden. Butter und Öl erhitzen und die Christophenescheiben darin kurz schwenken, salzen.
Entweder als Beilage oder als kleinen Zwischengang servieren. Dieses Rezept lässt sich z. B. mit marinierten Fischfilets oder etwas Rohschinken ergänzen.

Flying Fish in karibischer Saor

Das ist Fusion-Küche – die Karibik und das Veneto zusammen (siehe auch die Saor-Rezepte im Veneto-Teil). Uns hat dieses Gericht unter Palmen geschmeckt ...

300 g Flying fish (man bekommt ihn bisweilen in exotischen Supermärkten, ansonsten kleine Fischfilets aller Art verwenden)
2 El Mehl
1 große Zwiebel
1 El Rosinen
40 ml karibischer Rum
40 ml Limettensaft
Salz
Neugewürz aus der Mühle
Zimt
Hot Sauce
20 ml Olivenöl

Fischfilets auf der Hautseite in Mehl tauchen, in Öl auf der bemehlten Seite anbraten, wenden und nach 30 Sekunden zur Seite geben. Im Bratrückstand Zwiebelringe und Rosinen rösten, mit Rum und Limettensaft aufgießen, mit Salz, Neugewürz, Zimt, Hot Sauce würzen, 5 Minuten kochen lassen. In eine Schüssel abwechselnd Fisch und Zwiebelmarinade schichten. Entweder noch lauwarm servieren oder im Kühlschrank einige Stunden (bis einige Tage) durchziehen lassen.

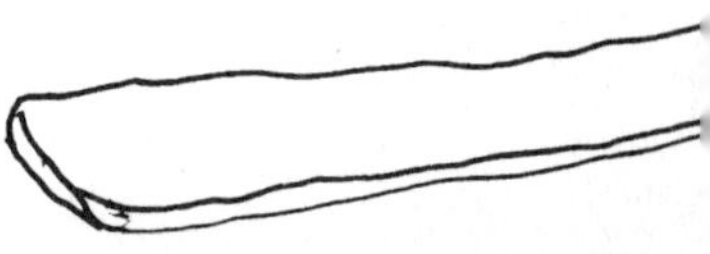

Gegrillter Grouper auf Tomaten-Kardamom-Sauce

2 Grouperfilets (= Barsch) oder einen ganzen Grouper verwenden, filetieren und aus dém Rest klare Fischsuppe zubereiten (Rezept Seite 169)

2 El Maismehl (ersatzweise Maisgrieß = Polenta)

20 ml Olivenöl

*

500 g Tomatenwürfel (entweder aus der Packung oder vollreife Tomaten enthäuten – Rezept Seite 65 –, entkernen, in Würfel schneiden)

2 El Bio-Ketchup (es kommt am ehesten an das köstliche Ketchup der West Indies heran)

1 Zwiebel

2 Knoblauchzehen

20 ml karibischer Kokosrum

1 Tl Zucker

Kardamom, am besten frisch gemahlen

1 kleine Zimtstange

20 ml Olivenöl

Salz

Zwiebel fein schneiden und in Olivenöl hell rösten. Zucker dazugeben, kurz mit Knoblauch weiterrösten. Mit Kokosrum ablöschen. Die Tomatenwürfel und die Gewürze hinzufügen, 10 Minuten auf kleiner Flamme kochen lassen.

Fischfilets auf der Hautseite in das Maismehl tauchen. Auf der bemehlten Seite in Olivenöl knusprig braten. Wenden und in die köchelnde Tomaten-Kardamom-Sauce legen, Flamme abdrehen und den Fisch am Herdrand 5 Minuten gar ziehen lassen.

Auf heißen Tellern die Sauce und darauf den Fisch mit der knusprigen Hautseite nach oben anrichten. Wer es üppiger will, kann dazu Süßkartoffeln in der Folie (Rezept Seite 148) oder Rice and Beans (Rezept Seite 146) servieren.

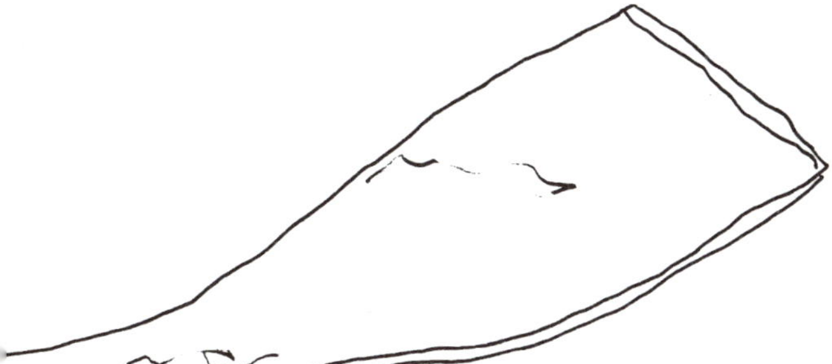

Jerked Schwertfischsteaks

Das Rezept passt auch gut für Hühnerbrust oder ausgelöstes Schweinskarree. „Jerked" ist eine nicht nur in Jamaica beliebte scharfe Zubereitungsart für festen Fisch, Fleisch und Geflügel.

400 g Schwertfischsteaks (oder 300 g Hühnerbrustfilet oder Schweinskarree)
20 ml hitzebeständiges Öl
1 Limette

*

2 El brauner, unraffinierter Rohrzucker
1 El Sojasauce
1/2 Teelöffel Hot Sauce (die Menge hängt von der gewünschten Schärfe ab)
1 Tl Salz
1/2 Tl Cayennepfeffer
1/2 Tl gemahlenes Neugewürz
1 Tl Thymian, abgerebelt
2 Knoblauchzehen, fein geschnitten
1 El fein gehackter frischer Ingwer
Saft von 1/2 Limette

Alle Zutaten der Marinade gut vermengen, Fischsteaks oder in jeweils 3–4 Streifen geschnittene Hühnerbrustfilets oder das in Streifen geschnittene Schweinskarree auf beiden Seiten damit einreiben. Den Fisch/das Huhn/das Schwein 1 Stunde durchziehen lassen (wenn zu wenig Zeit ist, sofort weiterverarbeiten). Eine schwere gusseiserne oder gut beschichtete Pfanne mit dem Öl sehr heiß werden lassen, Fisch/Fleisch einlegen, auf beiden Seiten ganz heiß kurz braten. Die Hitze soll so groß sein, dass der Fisch/das Fleisch außen fast schwarz, aber innen noch zart ist.
Auf vorgewärmten Tellern anrichten, mit Limettenscheiben garnieren.

Red-Snapper-Tatar

Beim Fischfiletieren fällt oft einiges an Fischabschnitten mit schönem Fischfleisch ab. Ich verarbeite es am liebsten zu Tatar – vorausgesetzt, der Fisch ist ganz frisch. In der Karibik ist mein Favorit dafür der Red Snapper, in unseren Breiten nehme ich mitunter auch fangfrischen Süßwasserfisch – eine große frische Lachsforelle kann viel besser schmecken als der ökologisch oft bedenkliche Lachs. Und vor kurzem erst hat mir Christoph Wagner erzählt, wie fein Eismeersaibling, auf diese Art zubereitet, schmeckt.

200 g Fischfleisch, ganz frisch
2 Jungzwiebeln
1 El Rohrohrzucker
10 ml Limettensaft
1/2 Tl Salz
Neugewürz aus der Mühle
evtl. Hot Sauce (oder Sweet and Hot Chili Sauce)
4 Limettenscheiben
4 Toastbrotscheiben

Fischfleisch mit dem Messer fein schneiden. Mit allen Gewürzen vermischen und 30 Minuten kalt durchziehen lassen.
Auf zwei Limettenscheiben anrichten, mit getoastetem Weißbrot servieren.

Marinierter Red Snapper

Ganz frische, möglichst große Snapperfilets lassen sich auch wunderbar marinieren (siehe gebeizter Lachs Seite 54).
In der Karibik ersetze ich den herkömmlichen Zucker durch Rohrohrzucker; weißen Fisch mariniere ich gerne zusätzlich mit Limettensaft (roter Fisch wird durch die Säure „entfärbt" und bekommt Flecken). Und dann ersetze ich die Dille durch andere Kräuter oder gebe Limettenschalen oder Kardamom oder Chili dazu.

Mariniertes Thunfischsteak

Ich mag Thunfisch genauso gern wie Mira, aber klar ist auch, dass Thunfisch nicht nur Schwermetalle enthalten kann, sondern sehr häufig auch unter umweltschädigenden Bedingungen gefangen wird. Auf „meiner" Karibikinsel St. Kitts freilich fahren die Fischer hinaus, und mit etwas Glück gibt es dann Thunfisch aus Wildfang, ökologisch unbedenklich (wenn ich einmal davon absehe, wie weit wir fliegen, bis wir zu ihm hinkommen) und so frisch wie nur möglich.
Und auch der lässt sich wunderbar marinieren – wenngleich die meisten InselbewohnerInnen (gar nicht zu reden von amerikanischen TouristInnen) derlei angeblich „rohem" Fisch (in Wirklichkeit ist er

ja durch Limettensaft, Salz und Zucker gegart) eher skeptisch gegenüberstehen.

1 Thunfischsteak, 2 cm dick
1/2 Tl Salz
1 Tl Rohrohrzucker
1 Tl frisch geriebener Ingwer
etwas fein geschnittene Chilischote
1 El Olivenöl

Zutaten der Marinade verrühren, den Thunfisch damit gut einreiben. Danach den Fisch entweder vakuumieren und im Kühlschrank beschweren oder in Klarsichtfolie wickeln, in einem passenden Behälter in den Kühlschrank geben und beschweren. Nach 12 Stunden wenden. Nach 24 Stunden ist der Thunfisch fertig.
Die Marinade lässt sich mit fein geschnittenem oder geriebenem Ingwer, Limettenschale und frischen Kräutern beliebig abwandeln.

Gegrilltes Red-Snapper-Filet mit schwarzem Sesam auf Süßkartoffelgemüse

300 g Red-Snapper-Filet
1 El schwarzer Sesam
20 ml Olivenöl

*

300 g Süßkartoffel
1 Zwiebel
1 Stangensellerie
30 g Ingwer
40 ml karibischer Rum
20 ml Olivenöl
Salz
etwas geröstetes Sesamöl

Süßkartoffel in Salzwasser kochen, schälen. Zwiebel in 1 cm große Würfel schneiden und in Olivenöl anrösten. Sellerie in dünne Scheiben schneiden und geschälten, ganz fein geschnittenen Ingwer dazu, kurz weiterrösten. Süßkartoffel in Würfel schneiden, mitrösten. Mit Rum ablöschen, salzen und noch 5 Minuten auf ganz kleiner Flamme kochen.
Die Haut des Red Snapper abziehen (sonst zieht sich das Fischfilet beim Braten zusammen), den Fisch auf der ursprünglichen Hautseite in Sesam tauchen, etwas salzen und in Olivenöl auf der Hautseite

knusprig braten. Wenden und 2 Minuten weiterbraten. Dann am Herdrand 5 Minuten gar ziehen lassen.
Das Gemüse auf heißen Tellern anrichten, den Fisch mit der Sesam-Seite nach oben darauflegen. Rund um das Gemüse mit geröstetem Sesamöl eine Spur ziehen.
Sehr schön sieht das Gericht aus, wenn man es mit einer Ingwerblüte garniert.

Banana Fish

300 g Red-Snapper-Filet (oder ein anderer weißfleischiger Fisch)
2 Bananen
1 große Zwiebel
3 Knoblauchzehen
4 Jalapeña-Peppers (ersatzweise 1 roter Gemüsepaprika und 1 Chili)
ca. 60 ml Fischfond (Rezept Seite 169) oder die gleiche Menge Sherry
10 ml Olivenöl
20 g Butter oder Margarine
Salz

Zwiebel in grobe Würfel schneiden, in Butter und Öl anschwitzen, feinblättrig geschnittenen Knoblauch kurz miträsten, ohne dass er braun wird, feinstreifig geschnittene (= Julienne) Jalapeña-Peppers miträsten, Bananen in 2 cm dicke Scheiben schneiden, kurz dazugeben. Mit Fischfond (oder Sherry) ablöschen und salzen, 5 Minuten leicht köcheln lassen, umrühren.
Die Fischfilets enthäuten, salzen, auf die ganz leicht köchelnde Sauce legen, zudecken und für einige Minuten (je nach Dicke der Filets) glasig pochieren.
Auf Teller, die mit einem gewaschenen und gewärmten Bananenblatt belegt sind, zuerst die Sauce geben und dann den Fisch darauf anrichten. Evtl. mit einem Jalapeña-Pepper oder einer Chilischote garnieren.

Schwarze Polenta mit scharfem Thunfisch

100 g Maisgrieß
3 Jungzwiebeln
1 Tl Schwarzkümmel
400 ml Fischfond (Rezept Seite 169)
1 Bund grüner Koriander
20 g Butter
Salz
300 g Thunfischfilets in Sushi-Qualität
1 Tl Rohrohrzucker
Neugewürz aus der Mühle
Hot Sauce
10 ml dunkles Sesamöl

Jungzwiebeln in feine Ringe schneiden, in der Butter zusammen mit dem Schwarzkümmel anrösten. Mit Fischfond aufgießen. Wenn dieser kocht, den Maisgrieß einrühren, auf ganz kleiner Flamme ca. 5 Minuten köcheln lassen, immer wieder umrühren, evtl. Fischfond nachgeben, mit Salz abschmecken.
Thunfisch mit Salz, Zucker, Hot Sauce, Neugewürz marinieren und auf beiden Seiten in Sesamöl scharf anbraten. Der Fisch soll innen noch roh sein.
Schwarze Polenta auf heiße Teller geben, darauf den scharfen Thunfisch anrichten.

Hühnerfilet mit Pomelo-Ingwer-Sauce

300 g Hühnerfilet
10 ml Olivenöl
evtl. Hot Sauce
Salz

*

1 große Zwiebel
200 g Pomelofleisch
30 g Ingwer
150 g Süßkartoffel
40 ml Sherry
1 El Maismehl (ersatzweise Maisgrieß)
20 ml Campari
20 ml Olivenöl

Süßkartoffel kochen und schälen. Zwiebel in grobe Würfel schneiden und mit dem fein geschnittenen Ingwer in Öl anrösten, Pomelo- und Süßkartoffelwürfel dazugeben, kurz weiterrösten. Mit dem Sherry ablöschen, aufkochen. Maismehl in Campari auflösen und damit die

Sauce binden, salzen. Auf kleiner Flamme 3 Minuten köcheln lassen. Hühnerfilets der Länge nach zu 3 oder 4 dünnen Schnitzeln schneiden, vorsichtig ganz dünn klopfen (geht am besten in einem Plastiksack). Salzen, evtl. mit Hot Sauce würzen. In einer großen beschichteten Pfanne in ganz wenig Öl auf beiden Seiten je 1 Minute braten, danach sofort auf heißen Tellern auf der heißen Sauce anrichten.

Flambierte Früchte

Flambierte Früchte waren eine Zeit lang auch bei uns sehr modern, sind aber leider weitgehend in Vergessenheit geraten. Ich mag sie – nicht nur in der Karibik.

Frische Früchte (z. B. Bananen, Ananas, Papaya, Mango)
1 El Rohrohrzucker
20 g Butter
60 ml karibischer Rum (nicht unter 40 %)

In einer beschichteten Pfanne Butter langsam erhitzen, die frischen Früchte in mundgerechte Stücke schneiden und mit 1 El Rohrohrzucker einige Minuten in der Pfanne karamellisieren. Karibischen Rum beigießen, und wenn er zu kochen beginnt, mit einem langen Streichholz entzünden.
Eine exotische Variante: Die Früchte mit Chili würzen.
Sehr schön ist es, wenn man die Früchte bei Tisch flambiert. Aber Achtung: Mitunter hängt die Lampe tief und ist aus Papier – und schon sind wir in einem Krimi …

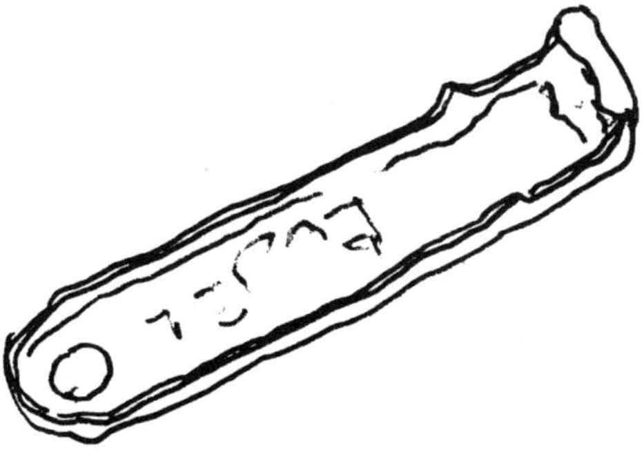

Abenteuer einer Profiköchin

Von Kalbsjus, Messern und großen Menüs
Im Restaurant und daheim

Was für eine Landschaft: Edelstahltöpfe an der Stange über dem Herd, blinkende Regale, Tellerstapel, an der Wand eine Reihe von Schöpfern und Sieben, Messer, Bretter, der Herd mit den sechs Zündflammen, ein Griff, und es wird heiß, noch heißer der Salamander, weit genug entfernt die ewig gurgelnde Spülmaschine, Wasser und Dampf und über allem die Dunstabzugshaube mit ihrem mächtigen Atem. Symphonie von Geräuschen und Gerüchen, hier braucht man alle Sinne und noch einen mehr.
Ich erlebe das jetzt schon im fünften Jahr in Buchingers Küche, Mira hat sich von dieser Welt in „Ausgekocht" faszinieren lassen.
Hier zu stehen, wenn Bon für Bon hereinkommt, wenn eine Pfanne nach der anderen auf den Herd scheppert, Laden auf- und wieder zugehen, der Grill zischt, Tisch für Tisch abgerufen wird, wenn man schwitzt und flucht und kostet und schneidet und rührt und sautiert, wenn man Teil von etwas ist, bei dem jeder Teil gleich wichtig ist. Lässt einer aus: Chaos, oder wie wir sagen: Wir schwimmen – aber wir gehen nicht unter, in zwei Stunden, in einer Stunde werden die Bons weniger, die Gäste sind gefüttert, man bemerkt eine Brandblase am Handgelenk und das Glas mit abgestandenem Sodawasser, man trinkt und versucht sich auf den Endspurt zu konzentrieren.

Du musst es lieben – oder lässt es besser bleiben. Lauwarm passt nicht zu dem, was sich hier abspielt. Zum Glück. Zu meinem Glück. Was ich hier gelernt habe, das auch außerhalb dieser ganz speziellen Küchenlandschaft gilt?
Vielleicht, dass es in einer Zeit, in der viele gerne und gut kochen, gar nicht mehr so viele Tipps und Tricks gibt, die sich noch nicht herumgesprochen hätten. Jedenfalls, dass Vorbereitung das halbe Kochen ist. Sicher, dass es – auch beim Kochen – die allein selig machende Wahrheit nicht gibt. Es geht um die unendliche Weite zwischen dem angeblich Richtigen und dem angeblich Falschen, es geht ums lustvolle Ausprobieren.
Und da die Küchentage manchmal mehr als zwölf Stunden dauern, zu Beginn mein Spezialdrink (nicht ganz korrekt, denn eigentlich ist Alkohol in der Küche – außer zum Kochen – verpönt): eine Abwandlung des venetischen „Grande Spritz", den sich Mira im Veneto gerne von Gianni servieren lässt.

Evas Power-Spritz

Ein möglichst großes Glas (zumindest 30 cl) zur Hälfte mit Eis füllen, auf ⅔ mit Sodawasser aufspritzen. 40 ml Weißwein, 20 ml Campari dazu und mit Red Bull Sugarfree auffüllen. – Und weiter geht's!

Was man wirklich braucht

Messer

Als ich zum ersten Mal in Buchingers Küche kam, habe ich – man kennt sich ja aus! – meine japanischen Messer mitgebracht. Jedes Stück einiges wert, der Stolz einer Hobbyköchin. Die dumme Sache war nur, dass ich fürs Petersilieschneiden ungefähr zehnmal so lange brauchte wie der Lehrling mit dem 08/15-Messer. Natürlich, Zeit ist nicht alles, und gute Messer mag ich auch heute noch, aber: So wichtig ist es nicht, ob es sich um eines der gerade angesagten Topmodelle aus ich weiß nicht welchem Stahl handelt. Hauptsache, man weiß, wie man es scharf bekommt. Und: Ein- bis zweimal im Jahr muss auch das beste Messer aus einer Profiküche zum Service. Irgendwann einmal reicht das Abziehen nicht mehr, da muss vom Fachmann nachgeschärft werden. Ein kleiner Tipp: An den Wetzstahl einen kleinen Magneten (es kann auch ein Magnetsticker vom Kühlschrank sein) hängen, so werden die Messer leichter scharf.

Was ich inzwischen auch bemerkt habe: Obwohl ich einen ganzen Satz wunderbarer Messer habe, benutze ich fast immer nur zwei, drei davon. Für fast alle Arbeiten nehme ich das große Küchenmesser. Das kleine, aber sehr starke und scharfe Gemüsemesser nehme ich nicht nur zum Zuputzen, sondern auch, um Fleisch auszulösen und zu parieren (= von Häuten und Sehnen befreien). Mein Messer für Fisch hat einen sehr hohen Steg, das mag ich, wenn ich die Haut von Fischen vorsichtig einschneide. Und außerdem will ich Fleisch und Fisch getrennt haben, auch was das Messer angeht.

Kleinwerkzeuge

In meiner privaten Küche gibt es deutlich mehr Utensilien, als wir in der Profiküche verwenden. Das meiste lässt sich mit einem Messer schneller bewerkstelligen als mit irgendeinem Sondergerät, das man hinterher auch noch putzen muss.

Was ich aber regelmäßig verwende:

Einen Sparschäler.

Einen Zestenschneider.

Einen Pinsel mit Silikonborsten.

Eine Pinzette für Fischgräten und Federkiele.

Einen Küchenhobel mit verschiedenen Einsätzen.

Ein Nudelsieb, ein Spitzsieb und ein Etamintuch.

Kochlöffel sind selbstverständlich, aber mehr als zwei habe ich noch nie gebraucht.

Dazu verschiedene Bretter (in einer Profiküche ist Holz leider, weil

angeblich unhygienisch, verboten). Hier gibt es ein System von verschiedenfarbigen Plastikbrettern: Blau ist ausschließlich für Fisch, Weiß für Desserts, Rot für rohes Fleisch, Braun für gekochtes Fleisch, Gelb für Geflügel, Grün für Gemüse.
Diesen Aufwand halte ich daheim für übertrieben. Ich habe zwei Holzbretter (sie sind luftig aufgehängt und sicher viel hygienischer als schlecht geputzte, übereinander gestapelte Plastikbretter), auf dem einen schneide ich nichts, was heftigen Geruch abgibt (Knoblauch, Fisch etc.). Und: Wenn ich z. B. Geflügel verarbeite, putze ich Brett und Messer anschließend gründlich, nie wird auf einem Brett, auf dem ich eben noch ein Huhn zerteilt habe, Salat geschnitten; nichts kommt hier drauf, bevor es gründlich gesäubert ist. Und selbst dann benutze ich die andere Brettseite. Wozu der Aufwand? Salmonellen gibt es, in kleinen und an sich ungefährlichen Dosen, fast immer. Wichtig ist nur, dass sie sich nicht vermehren können. Und z. B. in einem Salat, der mit dem Hendl-Messer auf dem Hendl-Brett geschnitten wurde, kann das sehr gut passieren. Ähnliches gilt übrigens für Eier. Ich nehme sie aus der Verpackung, lege sie nicht irgendwohin – Eierschalen sind hervorragende Salmonellenträger –, sondern schlage sie sofort auf, gebe die Schalen gleich in den Biomüll und wasche mir die Hände. Kann sein, dass ich etwas vergessen habe zu erwähnen, ganz abgesehen davon, dass etwas Spielzeug ja auch in der Küche sein darf. Ach ja, ein guter Flaschenöffner darf natürlich nicht fehlen.

Töpfe und Pfannen

Ja, ich besitze einen Spargeltopf! Wenn wir unser jährliches großes Gartenfest machen, stecke ich gerne die Baguettes hinein, das sieht in dem hohen Topf sehr nett aus. Ansonsten brauche ich ihn nicht. Es ist viel praktischer, Spargel in einem breiten Topf zu kochen.
Oft hingegen verwende ich meine zwei unterschiedlich großen und hervorragend verarbeiteten Edelstahlsauteusen, also Stielpfannen mit hohem Rand, in denen man sowohl schwingend rösten als auch ko-

chen, dünsten, braten kann. Zwei gut beschichtete Pfannen in unterschiedlicher Größe brauche ich auch. Dazu einen Wok, beschichtet oder aus gut verarbeitetem Edelstahl. Und dann noch zwei, drei Edelstahltöpfe, von denen der größte 10–12 Liter fassen sollte.

Backutensilien

Die fallen bei mir – wie auch bei Mira – weitgehend weg, beide backen wir zu selten. Was ich aber habe und auch hin und wieder brauche: Eine Silikonmatte, auf der sich nichts anlegt. Einen Nudelwalker. Eine gut beschichtete Kastenform. Eine Springform. Silikon-Portionsförmchen. Einen Silikon-Teigschaber mit Griff. Eine biegsame Palette. Ein großes, ausrollbares Nudel-„Brett“ aus Plastik.

Küchengeräte

Was gibt es da nicht alles: von der Wachtelpresse bis zum elektrischen Parmesanhobel ... Hier will ich niemandem die Freude nehmen, zumal es Spötter wie den Buchinger gibt, die meinen, meine Küche sei auch übervoll mit derlei Spielereien.

Was ich über die Basics hinaus jedenfalls oft verwende: Meinen leistungsstarken Stabmixer (der „Zauberstab“ ist und bleibt unübertroffen). Einen Kleincutter mit robustem Motor und hoher Drehzahl. Meine Küchenmaschine zum Teigrühren (ein guter Handmixer täte es aber auch). Einen ganz einfachen Dampfgarer (nichts mit Hochdruck oder so), vor allem zum Kartoffelkochen. Eine Grillvorrichtung habe ich sowohl im Backrohr als auch in meiner Multifunktionsmikrowelle (am seltensten verwende ich die eigentliche Mikrowellenfunktion, die Heißluftfunktion hingegen eignet sich sehr gut zum Brotaufbacken und Warmhalten).

Gewisse Dinge aus der Profiküche hätte ich gerne, aber da fehlt mir nicht nur der Platz, sondern auch das nötige Quäntchen (noch mehr) Wahnsinn. Denn ein Niedertemperatur-Gargerät bringt doch viel, wenn es darum geht, Fleisch und Geflügel perfekt rosa ziehen zu lassen. Oder die Salamander, vor allem die neuen stufenlos höhenverstellbaren, sind ein Traum, wenn man etwas rasch überbacken oder knusprig machen will. Und der Pacojet, eine Art Turbocutter, ist überhaupt mein Favorit. Er schabt mit einem Spezialmesser gefrorene Substanzen Millimeter für Millimeter ab und schlägt dabei Luft ein. Er würde auch meine Dessert-Misere weitgehend lösen, denn mit ihm lassen sich Früchte, Schokolade und noch viel mehr ohne viele Zutaten zu einzigartigem Eis verarbeiten. Allerdings kostet er auch eine Kleinigkeit – mit ein Grund, warum man ihn auch in den wenigsten Profiküchen findet.

Gewürze und anderes

Viele Gewürze schmecken frisch vermahlen einfach besser. Also habe ich Mühlen für: Meersalz, schwarzen Pfeffer, weißen Pfeffer, getrocknete Chili, Kardamomsamen, Koriandersamen, Neugewürz.
Auf meine Hot Sauce will ich keinesfalls verzichten, und die Sweet and Hot Chili Sauce lasse ich auch nie ausgehen (hier muss man sich allerdings durchkosten, nicht alle Produkte schmecken gleich gut), Buchinger ätzt, sie sei so etwas wie mein „Maggi". Und da ist schon etwas dran. Aber: Schmeckt etwas fade, dann ist diese Kombination aus scharf und süß und ein wenig sauer sehr hilfreich.
Ganz wichtig ist für mich gutes Olivenöl. Seit ich bei Freunden in Istrien (die selbst hervorragendes, vom „Feinschmecker" prämiertes Öl machen) mehr darüber gelernt habe, verwende ich fast ausschließlich Olivenöl.
Ein hitzebeständiges Öl, zum Beispiel geschmacksneutrales Sesamöl, ist zum scharfen Anbraten gut. Und dunkles Sesamöl aus geröstetem Sesam hat eine wunderbar exotische Note.
Essig ist inzwischen eine Wissenschaft für sich. Ich will weder auf den „einfachen" Balsamico (weiß und dunkel) verzichten noch auf den erstaunlichen Aceto Balsamico Tradizionale (das ist wirkliche Essenz, aber nicht, was die Säure, sondern den Geschmack angeht) – davon gibt es übrigens auch einen großartigen in Österreich, erzeugt vom Staatsopernsänger Herwig Pecoraro in Klosterneuburg, der in Modena

gelernt hat. Ein guter Balsamico, es kann auch ein Apfelbalsamessig sein, in der Sprühflasche sollte auf jeden Fall nicht fehlen.
Ansonsten mein Credo – auch etwas, das ich erst beim Buchinger gelernt habe: Lieber nicht zu viel daheim haben, es lässt sich immer aus dem, was da ist, improvisieren.

Edelstahl!

Wie gesagt – ich liebe den blitzenden Edelstahl in einer Restaurantküche. Wer jedoch nach gastronomischen Träumen daheim in der Realität aufwacht, wird feststellen: Edelstahlküchen sind ziemlich aufwendig zu putzen. Und: Man sieht jeden Tapser. Wer also eine ausgeprägte Putzleidenschaft hat oder nahe Angehörige mit einer solchen, der soll sich ruhig für Edelstahl entscheiden …

Mise en place

Ein Kernwort in der Küche, ein Schlagwort, das Generationen von Lehrlingen in der Berufsschule zu „Mist am Platz" umkalauert haben. Nur wer ausreichend vorbereitet ist, kann dem – möglicherweise – kommenden Ansturm gerecht werden. In einer Restaurantküche wie in Buchingers Gasthaus „Zur Alten Schule" wird so gut wie jede Portion frisch gekocht. Aber wer hätte schon während der stressigen Abendstunden Zeit, Lauch zu schneiden, Karotten zu putzen oder einen Hühnerfond zuzubereiten? Also wird vorgearbeitet:
Butter wird in kleine Würfel geschnitten, Zwiebel fein gehackt, Miniwürstel werden in genormten Einsätzen („Gastronorm") ebenso in gekühlte Laden gegeben wie das vorbereitete Lammbeuscherl oder die gekochten blauen Kartoffeln. Im Kühlschrank daneben warten das am Vormittag zerlegte und marinierte Lamm, das portionsweise vorgeschnittene Beiried, ausgelöste gepökelte Entenhaxerl. In einer Extralade ist der Fisch untergebracht: marinierte Karpfenfilets, selbst gebeizter Lachs, Zander mit Zitronenverbena, weißer Wels aus dem Waldviertel, Flusskrebsschwänzchen, die dann portionsweise in die bereitgestellte Krebsenbisque (Rezept Seite 142) kommen.

Und auch der Palatschinkenteig sowie der knusprige Backteig sind schon fertig.

Übertrieben werden sollte es mit der Mise en place freilich auch nicht, sonst leidet die Frische. Apfelwürfel werden wir immer à la minute schneiden, sie werden zu schnell braun. Suppen sollten niemals mit der Einlage in der sogenannten Bain Marie (einem Gerät, in dem Gastronormeinsätze in einem Wasserbad warm gehalten werden) vor sich hin warten, Gemüse wird unansehnlich und grau, Fisch wird fasrig, Nudeln entwickeln sich Richtung Brei.

Daheim sind derartig umfangreiche Vorbereitungen natürlich nicht nötig, man bietet den Gästen ja selten die Auswahl aus einer Speisekarte an. Wenn ich ein einzelnes Gericht zubereite, das nicht weiter aufwendig ist, muss ich kaum etwas vorbereiten. Bei einem Menü für einige Leute ist das schon etwas anderes. Oder wenn ich wenig Zeit habe – gewisse Sachen lassen sich Stunden vorher herrichten und kühl stellen.

Ich überlege mir also jedenfalls, was ich für das Menü brauche. Dann wasche ich Gemüse, schleudere Salat und stelle ihn kühl, ich bereite Fonds vor. Ich mariniere Fisch, ich portioniere das Fleisch. Ich stelle (sehr viel Platz ist in meiner privaten Küche nicht) in kleinen Gefäßen geschnittene Zwiebel und anderes Gemüse bereit, der Knoblauch wird zumindest geschält. Muss etwas nicht gekühlt werden, gebe ich es neben mein Arbeitsbrett.

Hier ein Rezept noch einmal, diesmal mit Mise en place:

Hühnerfilet mit Pomelo-Ingwer-Sauce

(Zutaten Seite 156)

Süßkartoffel kochen, schälen und in Würfel schneiden. Zwiebel in grobe Würfel schneiden. Pomelo schälen und in Würfel schneiden. Ingwer schälen und ganz fein schneiden. Maismehl in Campari anrühren. Sherry bereitstellen. Hühnerfilet der

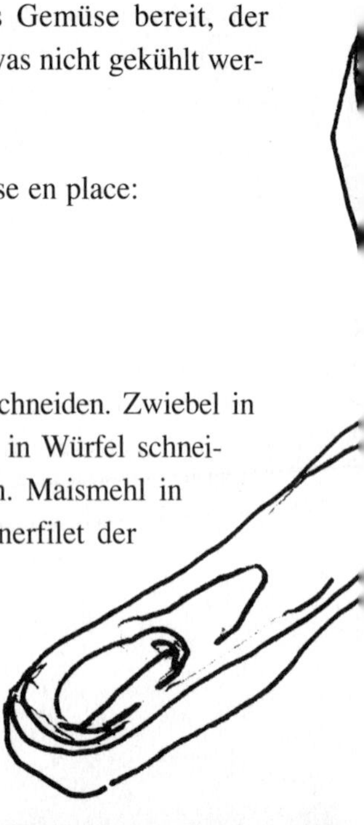

Länge nach 3–4mal durchschneiden, vorsichtig ganz dünn klopfen (am besten in einem Plastiksack). Salzen, evtl. mit Hot Sauce würzen, anschließend wieder kalt stellen.
Zwiebel in Öl anrösten, Pomelowürfel, Ingwer und Süßkartoffel dazu, kurz weiterrösten. Mit dem Sherry ablöschen, aufkochen. Maismehl in Campari einrühren und damit die Sauce binden, salzen. Auf kleiner Flamme 3 Minuten köcheln lassen.
Hühnerfilet in einer großen beschichteten Pfanne in ganz wenig Öl auf beiden Seiten je 1 Minute braten, danach sofort auf heißen Tellern auf der heißen Sauce anrichten.

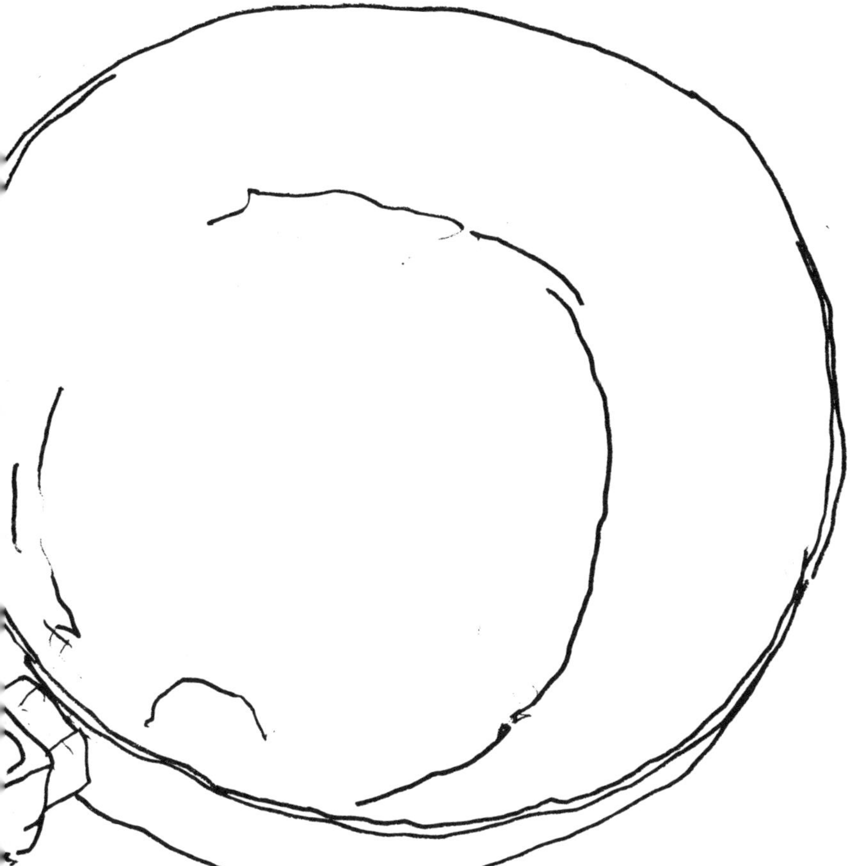

Im Folgenden einige Basisrezepte

In einer guten Profiküche ist es ganz normal, dass man Fonds, Grundsaucen (Jus) und die wichtigsten Teige vorbereitet; das Rezept für Serviettenknödel z. B. kann bei uns jeder Lehrling auswendig. Und es gibt ein paar kulinarische Kleinigkeiten, mit denen man Gerichte rasch verfeinern kann. Hier sind einige der „Basics“, die ich beim Buchinger gelernt habe und die sich auch daheim gut einsetzen lassen.

Gemüsefond

2 l Wasser
1 El vegetarische Suppenwürze
1 Karotte
1 gelbe Rübe (oder eine zweite Karotte)
1/2 Stange Lauch
1 Zwiebel
1 Stangensellerie oder Knollensellerie
1 Tl schwarze Pfefferkörner
1 Tl Korianderkörner
Salz
10 ml Olivenöl
1 Tl Tomatenmark
evtl. Broccolistängel, Kohlrabiblätter, Außenblätter vom Kraut oder Pilze

Wasser und vegetarische Suppenwürze zum Kochen bringen. Gemüse waschen, Karotte, gelbe Rübe, Sellerieknolle schälen. Das gesamte Gemüse, auch die Schalen, einlegen. Zwiebel in grobe Würfel schneiden, im Olivenöl hell anrösten, Tomatenmark kurz mitrösten, danach in den kochenden Fond geben. Karotte, Rübe und Sellerieknolle nach 15 Minuten herausnehmen (als Beilage oder als Suppeneinlage verwenden). Fond 1 Stunde auf kleiner Flamme zugedeckt kochen lassen. Mit Salz abschmecken, durch ein Haarsieb seihen.
Kocht man weitere Gemüsesorten oder auch Pilze mit, erhält der Gemüsefond eine andere oder zusätzliche Geschmacksnote.
Gemüsefond lässt sich auch sehr gut einfrieren.

Hühnerfond

Nicht nur Miras Katze Gismo liebt diesen Geruch, sondern auch die ganz real existierende Gismo. Beide wissen, dass eine Menge Hühnerknochen für sie abfallen ...

Hühnerfond wird fast genauso wie Gemüsefond zubereitet. Nur kocht man statt des Gemüses auf 2 l Wasser entweder ein ganzes Huhn oder mindestens 1000 g Hühnerteile (Hühnerrücken, Hühnerkrägen etc.) mit. Außerdem ersetze ich die Korianderkörner durch Neugewürzkörner.

Kocht man ein ganzes Huhn mit, sollte man es nach 30 Minuten herausheben, die schönen Fleischteile entfernen und den Rest noch 1 Stunde weiterkochen lassen, danach abseihen. Evtl. abkühlen lassen und das Fett abschöpfen (= degraissieren).

Die schönen Fleischteile lassen sich für kalte Salate, aber auch als Suppeneinlage für einen kräftigen Hühnertopf verwenden.

Dafür Hühnerfond zum Kochen bringen, mit etwas Sherry abschmecken. Das mitgekochte Gemüse einlegen: Karotte und gelbe Rübe in dünnen Scheiben, die Sellerieknolle in Würfeln, ebenso löffelgerecht zerkleinertes Hühnerfleisch. In feine Ringe geschnittene Jungzwiebel dazu. Evtl. mit Suppennudeln ergänzen.

Einc cxotische Variante, die ich sehr mag: Etwas Hot Sauce dazu und Glasnudeln für 3 Minuten mitkochen.

Fischfond

Auch der Fischfond wird ähnlich wie der Gemüsefond zubereitet, nur kommen hier 1000 g Fischreste dazu. Es sollten auch Köpfe und Gräten dabei sein, die machen den Fond kräftig. Das Gemüse ergänze ich durch ein Stück Ingwer, einige Neugewürzkörner und eine Messerspitze Kurkuma (wegen der Farbe, viele Fischsuppen neigen dazu, graubraun zu werden), dafür lasse ich das Tomatenmark weg. Außerdem ersetze ich einen Teil des Wassers durch 200 ml Weißwein. Diesen Fond nur 15 Minuten kochen, danach ziehen lassen, bis er lauwarm ist, und durch ein Etamintuch oder ein Haarsieb seihen.

Für eine einfache klare Fischsuppe den Fond zum Kochen bringen, Jungzwiebel in feinen Ringen, evtl. etwas vom gekochten Wurzelgemüse einlegen und kleine Stücke Fischfleisch oder Garnelen in der Suppe glasig ziehen lassen. Zum Schluss mit etwas Hot Sauce oder Chili und einem Schuss Kokosrum abschmecken.

Kalbsjus

Kalbsjus ist quasi die Basis aller intensiven Saucen – ein fester Bestandteil der traditionellen französischen Küche und in keinem Fall durch irgendein Fertigprodukt zu ersetzen. Da ist es besser, ganz darauf zu verzichten und nur mit den entstehenden Säften und Bratrückständen zu arbeiten.

Wer intensive Saucen mag oder auch kurz gebratenem Fleisch einen besonderen Geschmack geben will, dem empfehle ich, alle paar Monate diesen Jus zuzubereiten und dann in kleinen Portionen einzufrieren (einen Teil gebe ich in geschlossene Eiswürfelgefäße).

2000 g Kalbsknochen
500 g Kalbsparüren (Abschnitte von Sehnen, Reste, die beim Zerlegen von Kalbfleisch abfallen, man kann den Fleischer danach fragen)
3 Karotten
2 gelbe Rüben (ersatzweise Karotten)
1/2 Knollensellerie
1 Stange Lauch
3 Zwiebeln
200 ml Weißwein
1 El Tomatenmark
1 Bund frischer Thymian
1 Tl schwarze Pfefferkörner
5 Neugewürzkörner
2 Lorbeerblätter
40 ml Olivenöl

In einem großen Topf mit dem Öl die Knochen und Parüren anbraten. Karotten, gelbe Rüben, Sellerie, Lauch in Stücke schneiden, mitrösten, gewürfelte Zwiebel dazugeben, mitrösten, zum Schluss Tomatenmark dazu, mitrösten, mit Weißwein ablöschen. Mit so viel Wasser aufgießen, dass es 2 Finger breit über Knochen und Gemüse steht. Alle Würzzutaten hinzufügen.

Flüssigkeit unter langsamem Kochen auf die Hälfte einreduzieren las-

sen, abseihen, kühl stellen. Das Fett entfernen (= degraissieren). Danach den Kalbsjus noch einmal aufkochen und abfüllen. Im Tiefkühler hält er, gut verschlossen, einige Monate, im Kühlschrank mindestens 1 Woche.
Fertiggestellt wird die Kalbssauce mit etwas kräftigem Weißwein (40 ml auf 250 ml Jus), den man einige Minuten mit dem Jus verkochen lässt. Danach etwas Stärkemehl in kaltem Wein auflösen, Sauce damit vorsichtig abziehen, kurz aufkochen lassen. Wer Kalbsnatursaft oder einen anderen Natursaft hat, vermengt ihn mit dem Jus, das gibt zusätzlich Kraft und Würze.
Für die berühmte Demiglace den Kalbsjus mit etwas Weißwein noch einmal auf die Hälfte einreduzieren lassen. Vom Feuer nehmen. Danach mit eiskalten Butterwürfeln binden (= montieren).
Nimmt man anstelle von Kalb Lamm, erhält man Lammjus. Den schmecke ich zusätzlich mit Knoblauch und frischen Rosmarinzweigen ab.

Rotweinjus

Auch davon habe ich gerne etwas auf Vorrat im Tiefkühlfach.

6 Zwiebeln	200 ml Portwein
2 El Zucker	40 g Butter
2 l Rotwein	5 Neugewürzkörner
2 l Kalbsjus	10 schwarze Pfefferkörner

Zwiebelwürfel in Butter anrösten, Zucker beifügen, hell karamellisieren lassen. Mit Rotwein und Kalbsjus aufgießen, Neugewürz und Pfeffer dazugeben. Auf 1/4 einreduzieren lassen, mit dem Portwein aufgießen, 5 Minuten verkochen lassen. Abseihen und die Rückstände gut ausdrücken.
Für eine Rotweinsauce dem Rotweinjus evtl. vorhandenen Natursaft vom frisch gebratenen Fleisch beigeben und zum Kochen bringen. Stärkemehl in etwas Rotwein abrühren, damit die kochende Sauce vorsichtig binden. Ist sie zu dick, noch etwas Rotwein oder Portwein

dazugeben und einige Minuten auf kleiner Flamme verkochen lassen. Natürlich kann man auch diese Sauce klassisch mit eiskalter Butter binden.

Serviettenknödel

Serviettenknödel haben den enormen Vorteil, dass sie selbst bei Ungeübten nicht zerfallen können.

6 Semmeln (ersatzweise 200 g Knödelbrot, ist aber meist viel zu trokken)
3 Eier
200 ml Milch
1 große Zwiebel
50 g Butter
1 Bund Petersilie
1 Tl Salz
Muskatnuss, frisch gerieben

6 alte Semmeln in Würfel schneiden. Zwiebel fein schneiden und in der Butter langsam glasig werden lassen. Fein geschnittene Petersilienblätter daruntermischen, etwas abkühlen lassen. Eier mit Salz, Muskatnuss und Milch vermixen und über die Semmelwürfel gießen, glasige Zwiebel darübergeben. Die Masse ganz locker durchmischen, sie soll auf keinen Fall geknetet werden, sonst geht die Struktur der Semmelwürfel verloren. Abschmecken und 30 Minuten ziehen lassen. 40 cm Klarsichtfolie bereitlegen, in der Mitte der Folie eine Knödelstange mit ca. 4 cm Durchmesser formen, in die Klarsichtfolie einwickeln, die Enden auf beiden Seite eindrehen. Auf diese Art die ganze Masse verarbeiten.
Salzwasser in einem breiten Topf zum Kochen bringen. Knödelstangen einlegen (das Wasser sollte nur leise perlend köcheln), 30 Minuten gar ziehen lassen.
Mit dem Dampfgarer: Ködelstangen in den Einsatz legen und 40 Minuten dampfgaren.
Nicht sofort verbrauchte Knödel können in der Klarsichtfolie einige Tage im Kühlschrank aufbewahrt werden. Sehr gut schmecken sie geröstet: In einer Pfanne etwas Butter und Öl erhitzen, die Knödel in Scheiben schneiden und auf beiden Seiten goldgelb knusprig bräunen.

Kartoffelteig

Hier gibt es eine Menge Spielarten, grundsätzlich gilt: Die Kartoffeln sollten so mehlig wie möglich sein und es sollte so wenig Mehl wie möglich dazukommen. Das folgende Rezept haben wir in Buchingers Gasthaus „Zur Alten Schule“ ausprobiert, es funktioniert jedenfalls und ist ganz einfach. Wichtig: Zuerst immer ein Probestück kochen, denn der Mehlgehalt der Kartoffeln ist enorm unterschiedlich. Zerfällt das Probestück, noch ein wenig Mehl oder Stärke einkneten. Ist es zu hart, noch einen Dotter in den Teig geben.

300 g mehlige Kartoffeln, gekocht und geschält, am besten vom Vortag
6 El Kartoffelstärke
3 El griffiges Mehl
2 El Grieß
1 Ei
Muskatnuss, frisch gerieben
Salz
etwas Mehl zum Rollen

Gekochte Kartoffeln durch die Presse drücken, mit allen Zutaten vermengen und zu einem glatten Teig kneten.
In einem großen Topf Salzwasser zum Kochen bringen, ein Probenockerl einlegen. Wenn die Festigkeit passt, aus dem Teig Nockerln (Gnocchi) formen (am besten 2 cm dicke bemehlte Stangen rollen und alle 2 cm mit dem Messerrücken durchschneiden) und ins Wasser geben. Wenn die Nockerln aufsteigen, noch 2–3 Minuten ziehen lassen, dann mit einer Schaumkelle herausnehmen.
Entweder frisch servieren (ganz einfach und gut: in Butter mit etwas Salz schwenken) oder locker aufgelegt abkühlen lassen. Später entweder mit etwas Suppe wärmen oder in Butter und/oder Öl sautieren.

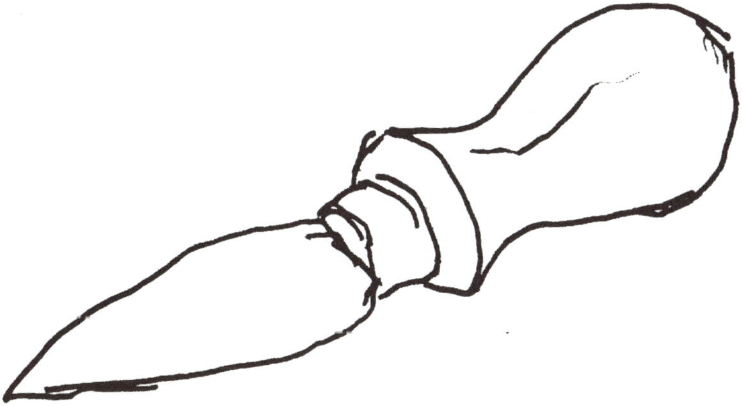

Knuspriger Backteig

40 g Stärkemehl
30 g glattes Mehl
1 Eiklar
1 Messerspitze Natron
Salz
80 ml Weißwein oder Bier
Raps- oder Olivenöl zum Backen

Backteigzutaten miteinander verrühren, der Teig soll dickflüssig sein. In einer tiefen Pfanne Öl (mindestens 2 cm hoch) erhitzen oder Fritteuse auf ca. 175 Grad aufheizen (großes Backgut braucht weniger Hitze, kleines mehr, damit es nicht trocken wird). Das Backgut (es können ebenso gut Salbeiblätter wie kleine Geflügelstücke, Garnelen – vorher in Mehl tauchen, dann hält der Teig besser –, Gemüse von Spargel bis Broccoli oder Pilze sein) in den Teig tunken, einlegen und goldbraun knusprig frittieren. Auf Küchenpapier gut abtropfen lassen, auf heißen Tellern (evtl. mit einer Serviette oder einem Stück Backpapier belegt) sofort servieren.

Helle Roux

Das ist die Basis vieler Bindungen – nicht im Sinn von jenen in „Verschieden", dem Kriminalroman, in dem sich Mira mit einem Scheidungskrieg zu beschäftigen hat. Hier geht es um Saucen und ähnlich Harmloses.

20 g Butter
20 g glattes Mehl

Butter erhitzen, das Mehl mit einem Schneebesen einrühren, bis es keine Klumpen mehr gibt. Die Roux kurz aufschäumen lassen; bevor das Mehl braun wird, vom Feuer nehmen. Erkalten lassen, dann damit heiße Flüssigkeiten binden. Oder: Gleich in die heiße Roux eine kalte Flüssigkeit geben und so daraus eine Velouté, eine Samtsuppe, machen.

Velouté (Samtsuppe)

Eine Roux wie oben herstellen und mit dem Schneebesen 500 ml kalten Gemüsefond einrühren, immer wieder rühren, bis das Ganze aufkocht. Danach 15 Minuten auf kleiner Flamme verkochen lassen, damit der Rohmehlgeschmack verschwindet. Mit frisch geriebener Muskatnuss, Pfeffer und Salz abschmecken.

Wenn man diese Basissuppe mit Obers und Geschmackszutaten verfeinert, wird daraus zum Beispiel eine cremige Karfiolsuppe (Karfiolrosen mitkochen, dann pürieren) oder eine Steinpilzsamtsuppe (wenn man die Roux macht, zuerst in der Butter Steinpilze und etwas Zwiebel anrösten, dann mit dem Mehl stauben und mit dem kalten Gemüsefond aufgießen).

Gießt man die Roux mit Fischfond auf, bekommt man eine Fischsamtsuppe oder – je nachdem, welche Sorte Fisch man verwendet – eine Hechtsamtsuppe oder eine cremige Lachsforellensamtsuppe. Sehr gut schmeckt es, wenn man kleine Fischstücke in der Suppe gar ziehen lässt, sie dann in heiße Teller gibt, die Suppe ganz zum Schluss mit Obers aufschäumt und darübergießt.

Rucolaöl

Stiele und unansehnliche (aber nicht verdorbene) Blätter von der Rucola fein schneiden, mit Olivenöl bedecken und stabmixen. Dieses knallgrüne Öl schmeckt nicht nur aromatisch, es hat auch einen ganz besonderen optischen Effekt: Zieht man mit Rucolaöl eine Spur um eine Speise, die einfach noch etwas Grün und ein derartiges Aroma vertragen kann, sieht das sehr gut aus, besonders bei Fischgerichten. In gleicher Weise lässt sich auch Basilikum- oder Petersilienöl herstellen. Salz oder etwas Säuerliches sollte man diesen Ölen übrigens nicht beigeben, beides verfärbt sie Richtung Grau. Außerdem geht es ja um den puren Kräutergeschmack.

Mayonnaise

Dieses Rezept verdanke ich meiner Mutter, es stammt aus den

1970ern, in denen das Maizena-Stärkemehl besonders in war. Sie gelingt immer – und schmeckt nicht ganz so fett.
3 El Stärkemehl in 250 ml kaltem Wasser auflösen, unter Rühren aufkochen, abkühlen lassen. 1 Dotter, 1 Tl Senf, 1 Tl Weißweinessig, Salz, Zucker einmixen. Danach mit dem Stabmixer 1/2 l Rapsöl einmixen. Wichtig ist, dass alle Zutaten ungefähr dieselbe Temperatur haben.

Chips

Eine wunderbare Art, ein Gericht knusprig zu ergänzen.
Große festkochende Kartoffeln gut waschen. Fritteuse auf 175 Grad aufheizen oder in einer Pfanne Öl (mindestens 2 cm hoch) erhitzen. Von den Kartoffeln (samt Schale) mit dem Sparschäler dünne, möglichst große Chips rasch ins heiße Fett schälen, durchrühren. Wenn sie goldbraun sind, auf Küchenpapier gut abtropfen lassen, salzen.
Besonders schön sind Chips aus blauen Kartoffeln.
Chips lassen sich auch aus ganz dünnen Scheiben von der Sellerie, der Pastinake, aus Topinambur und vielen anderen Wurzeln machen. Manfred Buchinger macht sogar Chips von der Zuckerrübe – ein ganz besonderes Geschmackserlebnis!

Hippen

Es gibt Dinge, von denen man gar nicht glaubt, wie einfach sie sind – vorausgesetzt, man weiß, wie es geht …

50 g glattes Mehl
100 g flüssige Butter
1 Eiweiß
50 g Zucker
1 El Orangensaft
evtl. Mandel-, Walnuss- oder Haselnusssplitter, Sonnenblumenkerne, Sesam

Alle Zutaten zu einem glatten Teig vermischen. Den Teig zumindest 1–2 Stunden ziehen lassen.
Rohr auf 180 Grad vorheizen. Masse mit der Palette ganz dünn auf Silikonmatten aufstreichen (ersatzweise Bleche mit Backtrenn-

papier). Ca. 5 Minuten backen, bis die Hippen goldbraun sind. Auskühlen lassen, vorsichtig abziehen, in passend große Stücke brechen. Die Masse kann mit Mandel-, Walnuss- oder Haselnusssplittern, Sonnenblumenkernen, schwarzem oder weißem Sesam verfeinert werden. Sie werden auf den Hippenteig gestreut und mitgebacken.

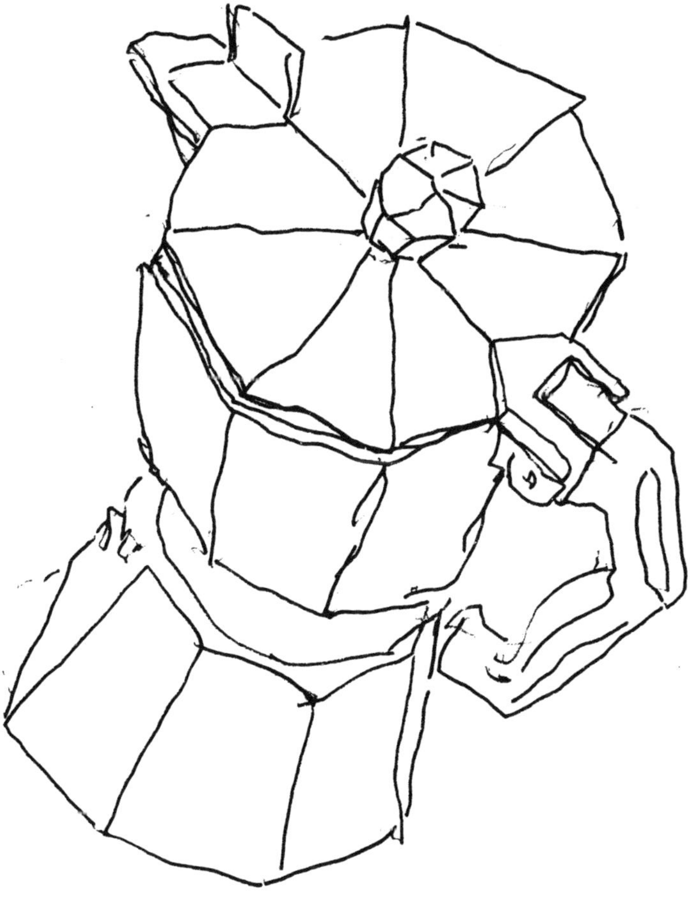

Das nachfolgende Menü habe ich mit den Lehrerinnen und Schülerinnen der HBLA in Zwettl im Waldviertel gekocht. Für mich war das ein aufregender Ausflug, und dank der tätigen Mithilfe aller ein sehr gelungenes Kulinarium, an das ich mich noch lange erinnern werde. Die Weine stammen übrigens von Gerda und Joschi Döllinger, mit denen ich seit Jahren befreundet bin – aber ich bin mir ganz sicher: Meine Lieblingsweine kommen nicht nur deshalb von ihrem Weingut.
Zwischen den Gängen habe ich aus „Wein & Tod“ gelesen.
Ich habe das Menü genau so belassen, wie ich es für rund 60 Personen zusammengestellt und berechnet habe. Auch die Vorbereitungen, die Lehrerinnen und Schülerinnen schon am Vortag getroffen haben, sind beschrieben.
Zum Schmökern, zum Nachkochen in reduzierter Form oder für das eigene private Großkulinarium.

Mira-Valensky-Menü

Mit Weinen vom Weingut Döllinger, Auersthal

Entenleber und Apfel in Süßweingelee mit herbstlichem Blattsalat und Walnussvinaigrette
Döllingers Welschriesling-Winzersekt
*
Venetische Bohnensuppe mit luftgetrocknetem Schinken und Mohnöl
Heuriger Grüner Veltliner
*
Waldviertler Wildkarpfen in Amaranth-Popcornkruste auf Kürbis-Chutney
Weißburgunder 2004
*
Rosa gebratener Kalbstafelspitz mit Sellerie-Rollotto und weißer Mohn-Pfeffer-Sauce
Zweigelt 2004
*
Käse
Riesling 2004, halbtrocken, oder Merlot 2003
*
Früchte-Crumble
Ausbruch Weißburgunder 2001

Entenleber und Apfel in Süßweingelee mit herbstlichem Blattsalat und Walnussvinaigrette

2000 g Entenleber
3000 g Äpfel
2 l Süßwein
60 Blatt Gelatine
100 g Butter
frischer Majoran
Salz, schwarzer Pfeffer aus der Mühle
2000 g herbstliche Blattsalate: Radicchio, Rucola, Chinakohl etc. (Rucolastiele für grünes Öl zum Wildkarpfen zur Seite geben)

*

200 g Walnusskerne
200 ml weißer Balsamico
300 ml weißer Traubensaft
600 ml Rapsöl
Salz, Pfeffer

Vorbereitung am Vortag: Entenleber zusammen mit Majoranzweigen auf beiden Seiten in Butter anbraten, dann mit Salz, Pfeffer aus der Mühle würzen, kurz weiterrösten (Leber sollte innen noch rosa sein). Mit 1/2 l Süßwein aufgießen, sobald er aufkocht, Topf vom Herd nehmen und die Leber über Nacht in der Flüssigkeit ziehen lassen.
Am nächsten Morgen die Flüssigkeit mit der Leber degraissieren (das abgeschöpfte Fett unbedingt aufbewahren für die Bohnensuppe). Äpfel schälen, entkernen, in Spalten schneiden, in Wasser mit etwas Zucker und Zitronensäure blanchieren. Leber in grobe Stücke schneiden.
Saft der gebratenen Leber aufkochen, durch ein Etamintuch seihen, mit dem restlichen Süßwein aufgießen, wärmen und mit eingeweichter Gelatine vermixen.
Terrinenformen mit Klarsichtfolie auslegen (am besten die Formen zuerst mit einigen Tropfen Wasser befeuchten), schichtweise Süßweingelatine, Leber, Apfelspalten einfüllen. Gut durchkühlen lassen.
Aus Essig, Öl, Traubensaft, Salz, Pfeffer aus der Mühle ein Dressing mixen, 1/3 des Dressings separieren. Walnüsse klein hacken oder cuttern, mit dem 1/3 Dressing mixen.
Gezupfte Salate vor dem Anrichten mit den 2/3 des Dressings marinieren, auf dem Teller mit einer Schnitte des Entenlebergelees anrichten, mit Walnussvinaigrette vollenden.

Ersatzweise können auch Truthahn- oder Hühnerleber verwendet werden.

Venetische Bohnensuppe mit luftgetrocknetem Schinken und Mohnöl

2000 g getrocknete Wachtelbohnen
6 l Gemüsefond (Rezept Seite 168)
8 Zwiebeln
10 Knoblauchzehen
Von den Lebern in Süßwein separierte Butter
Rapsöl
Mohnöl
600 g luftgetrockneter Schinken samt Schwartl
Salz, Pfeffer aus der Mühle
Salz
frischer Thymian
6 Lorbeerblätter

Vorbereitung am Vortag: Gemüsefond zubereiten, Bohnen über Nacht einweichen.
Die Bohnen in Wasser weich kochen. Zwiebel und Knoblauch fein schneiden, zusammen mit dem Schinkenschwartl in Butter und Rapsöl anrösten, mit dem Gemüsefond aufgießen. Bohnen abseihen und warm beigeben, mit Sträußchen frischem Thymian, Lorbeerblättern, Salz, Pfeffer aus der Mühle würzen, ca. 15 Minuten durchkochen lassen.
Vor dem Anrichten noch einmal aufkochen, einen kleinen Teil der Bohnen zur Seite geben, Suppe pürieren, abschmecken, Bohnen wieder beigeben. Anrichten. Mit einem hauchdünnen Schinkenblatt und einigen Tropfen Mohnöl vollenden.

Waldviertler Wildkarpfen in Amaranth-Popcornkruste auf Kürbis-Chutney

5000 g Wildkarpfenfilet

Amaranth-Popcorn zum Eintauchen (ersatzweise Quinoa)

*

3 El Rosenpaprika

6 El Olivenöl

10 Knoblauchzehen

3 El Salz

3 El Zucker

1/2 Limette samt Schale, ganz fein geschnitten

*

2000 g Kürbisfleisch (Butternuss- oder Muskatkürbis)

1000 g Zwiebel

4 Knoblauchzehen

100 ml weißer Balsamico

250 ml Weißwein

roter Chili (wenn frisch nicht verfügbar, Chiliflakes)

500 g Gelierzucker 3:1

2 Teelöffel Agar-Agar

etwas Rapsöl zum Anbraten

60 dünne Limettenscheiben

Rucolastiele (vom herbstlichen Blattsalat)

Olivenöl

Vorbereitung am Vortag: Karpfen marinieren. Dazu alle Zutaten der Marinade verrühren, den Karpfen einlegen und über Nacht ziehen lassen.

Kürbisfleisch in ca. 2 cm große Würfel schneiden. Grob geschnittene Zwiebel und fein geschnittenen Knoblauch mit Chili in möglichst wenig Öl anbraten, Kürbiswürfel beigeben, weiterrösten, mit Balsamico und Weißwein aufgießen, zum Kochen bringen, salzen, Gelierzucker beigeben, mit Wein angerührtes Agar-Agar beigeben. Kürbis nur kurz bissfest dünsten, abschmecken. Chutney kühl stellen, es sollte ca. 20 Grad haben.

Karpfen in portionsgroße Stücke schneiden. Auf der Hautseite in Amaranth-Popcorn tauchen und auf dem Grill anbraten; wenn die Oberseite lauwarm ist, wenden und höchstens noch 1 Minute braten, dann sofort servieren (oder mit der knusprigen Hautseite nach oben auf ein Blech legen, so kurz wie möglich warm halten, vor dem Anrichten noch einmal unter dem Salamander knusprig werden lassen).

Für grünes Öl Rucolastiele fein schneiden, mit Olivenöl mixen. Chutney anrichten, Wildkarpfen darauflegen, mit grünem Öl und je einer Limettenscheibe dekorieren.

Rosa gebratener Kalbstafelspitz mit Sellerie-Rollotto und weißer Mohn-Pfeffer-Sauce

6000 g Kalbstafelspitz

Olivenöl

5 Zweige frischer Rosmarin

grobes Salz

*

2000 g Rollgerste

8 Zwiebeln

1 Tl Kurkuma

500 ml Weißwein

ca. 5 l Gemüsefond (Rezept Seite 168)

200 g Butter

1000 g Knollensellerie

*

500 ml Kalbsjus

100 g Butter

100 g weißer Mohn

2 El geschroteter weißer Pfeffer

100 ml Weißwein

etwas Stärke zum Abziehen

*

Chips aus blauen Erdäpfeln oder Zuckerrüben

Vorbereitung am Vortag: Kalbsjus herstellen.
Kalbstafelspitz auf dem Grill (für eine kleinere Menge reicht auch eine schwere Pfanne) rundum goldgelb anbraten, in eine Gastronormwanne legen, grobes Salz, Olivenöl, Rosmarinzweige dazugeben, 15 Minuten im Rohr bei 160 Grad braten, dann bei 75 Grad ca. 3 Stunden ziehen lassen.
Sellerie schälen, in 5 mm große Würfel schneiden, Gemüsefond zum Kochen bringen, Würfel darin blanchieren, herausnehmen und zur Seite geben, Fond weiterköcheln lassen. Fein geschnittene Zwiebel in 100 g Butter anrösten, Rollgerste und Kurkuma beigeben, kurz mitrösten, mit Weißwein ablöschen, durchrühren. Den Wein etwas einkochen lassen, danach Rollotto (= Risotto von der Rollgerste) immer wieder mit 1–2 Schöpfern Gemüsefond umrühren, es sollte immer

cremig bleiben. Rollgerste bissfest kochen (ca. 1 Stunde), Selleriewürfel beigeben, aufkochen. Vor dem Anrichten mit der restlichen Butter abrunden.
Weißen Mohn in 50 g Butter anrösten, mit Kalbsjus, Weißwein und dem Natursaft vom Kalbstafelspitz ergänzen, geschroteten Pfeffer dazugeben, langsam auf ca. die Hälfte einreduzieren lassen, abschmecken, mit etwas Stärke binden, zum Schluss die restliche Butter einrühren.
Blaue Erdäpfel mit dem Sparschäler in Chips schneiden (oder geschälte Zuckerrübe ganz dünn schneiden, am besten mit der Schneidemaschine), frittieren, gut abtropfen lassen, salzen.
Sellerie-Rollotto anrichten, Scheiben vom Kalbstafelspitz darauflegen, das Gericht mit Mohn-Pfeffer-Sauce und darübergestreuten knusprigen Chips vollenden.

Käse

Wichtig: Käse immer rechtzeitig auf Zimmertemperatur bringen!

Früchte-Crumble

4000 g Früchte: Äpfel, Birnen (geschält, entkernt und in Spalten geschnitten), Weintrauben
etwas Rum
1000 g Bäcker-Semmelbrösel
500 g Butter
500 g brauner Zucker
350 g grob geriebene oder gehackte Walnüsse
4 El gemahlener Zimt
etwas Salz
Vanilleeis
evtl. Ananassalbei oder Zitronenverbena

Früchte in Portionsförmchen füllen, mit einem Schuss Rum marinieren. Brösel, Butter, Zucker, Walnüsse und Gewürze miteinander vermischen, über die Früchte streuen und im auf 180 Grad vorgeheizten Ofen 35–40 Minuten knusprig braun backen.
Dazu Vanilleeis servieren, mit Ananassalbei oder Zitronenverbena garnieren.

Glossar

Erdäpfel = Kartoffeln
Gupf = kleiner Berg
Gusto = Appetit, Geschmack
Haxerl = Bein
Hendl = Huhn
Karfiol = Blumenkohl
Obers = Sahne
Paradeiser = Tomate
Scherzl (Rindsschulterscherzl) = Teil der Rindsschulter
Topfen = Quark
Weckerl = längliches (Korn)Gebäck

Danke

… an Manfred Buchinger, Koch und Wirt im Gasthaus „Zur Alten Schule". Er hat mich nicht nur das Kochen in einer Profiküche gelehrt; er fasziniert mich immer wieder mit seinem enormen Wissen über die Feinheiten rund ums Kochen. Die Auszeichnung zum „Wirt des Jahres" durch Christoph Wagner in „Wo isst Österreich?" freut nicht nur ihn! Ich bin stolz, nun schon fünf Jahre bei so einem Topkoch mitkochen zu dürfen. Außerdem waren er und seine Frau Renske großartige Testesser bei so vielem, was ich erst ausprobieren musste, bevor es ins Buch durfte.
www.buchingers.at

… an die vielen Köche, Köchinnen und Freundinnen, die mir Rezepte „geborgt" haben: Armando Zanotto, der in seinem „Tre Panoce" in Conegliano jetzt leider nur mehr zu Festen aufkocht und der mir eine Menge über die venetische Küche beigebracht hat. Olivia, die am Strand von St. Kitts mit einfachsten Mitteln karibische Köstlichkeiten zaubert. Meine Freundinnen Gerda und Maria, die mich in die Weinviertler Küche eingeführt haben und die im Krapferlbacken (alles zwischen Petits Fours und Keksen) Weltklasse sind. Renate Kraucher, liebenswertes Mitglied unseres „Alte-Schule"-Teams, die mir unter anderem das Rezept für einen wirklich einfachen, einfach köstlichen Schokokuchen gegeben hat. Meine Mutter, die sich zwar nie als Meisterköchin verstanden hat, mir aber so einiges weitergab. Meine beiden verstorbenen Omas, beide auf ihre Art unvergleichlich und guter Küche zugetan.

… an Eva-Maria Widmair, meine Lektorin. Sie legte es darauf an, ein fehlerfreies Kochbuch zu schaffen, und manchmal habe ich sie dabei an den Rand der Verzweiflung gebracht. Man glaubt gar nicht, wie sich Zucchini, Pfeffer oder auch Butter zwischen Mengenangaben und Kochanleitung verlieren können. DU WARST EINFACH GROSSARTIG. – Und unsere hunderte von Mails über Details der Rezepte wären ein eigenes Buch wert …
Arnold Mario Dall'O hat mit seiner Grafik dazu beigetragen, dass „Mira kocht" ein ganz besonderes Kochbuch wird; es ist eben ein Glück, einen Künstler im Team zu haben. Und dass Paul Thuile für „Mira kocht" gezeichnet hat, erfüllt mich mit besonderem Stolz.
www.folioverlag.com

… an Gerda (siehe auch: Krapferlbacken) und Joschi Döllinger für ihre Freundschaft, ihre wunderbaren Weine und die Bereitschaft, vieles, was ich für das Buch testgekocht habe, testzuessen.
www.doellinger.at

… an Romana für ihre Freundschaft und die vielen gemeinsamen Essen (sie kocht hervorragend!). Ich hoffe nun endlich ein Buch geschrieben zu haben, das sie nicht nur meinetwegen liest (Krimis mag sie eigentlich nicht), sondern einfach aus Interesse.

… an meine Schwester, die mir zeigt, dass man auch ganz ohne Kochleidenschaft gern gut essen und das Leben genießen kann.

… last but not least, eigentlich könnt' ich schreiben: wie immer – danke an Ernest, meinen Mann, der mir viel über die österreichische Küche beigebracht hat und mit dem ich schon so vieles genießen durfte …

EVA ROSSMANN

Folio Verlag

Die Mira-Valensky-Krimis

Wahlkampf

Gebunden mit Schutzumschlag, 252 S., ISBN 978-3-85256-332-9

„Der Krimi ‚Wahlkampf' liest sich spannend, amüsant und sinnlich." *ORF*

„Brisanter Politkrimi mit richtig ‚menschelnden' Kandidaten, schlechten Journalisten, intriganten ‚spin-doctores' und ansehnlich gebauter Handlung."
Buchkultur

Ausgejodelt

Gebunden mit Schutzumschlag, 228 S., ISBN 978-3-85256-139-4

„Originell und amüsant." *Bayerischer Rundfunk*

„Rossmann schlägt die US-Tante mit ihrem venezianischen Kieberer um Längen." *Die Presse*

Freudsche Verbrechen

Gebunden mit Schutzumschlag, 283 S., ISBN 978-3-85256-163-9

„Die Story nimmt im Wiener Freud-Museum ihren Anfang – und von hier aus werden Zeitgeschichte, Witz und ein guter Plot so verwoben, dass daraus das entsteht, woraus ein Krimi gemacht sein muss: Spannung."
Oberösterreichische Nachrichten

„Aufregend bis zur letzten Seite!" *Brigitte*

Kaltes Fleisch

Gebunden mit Schutzumschlag, 283 S., ISBN 978-3-85256-220-9

„Rossmann gewinnt zunehmend an Krimi-Routine und Eigenprofil."
Der Standard

„Die Mira-Valensky-Romane von Eva Rossmann gehören zur Subspezies der Unbefugten-Krimis. Darin pfuscht eine Frau, eben Mira Valensky, der Polizei ins Ermittlungshandwerk, sehr zu deren Groll ..." *Sigrid Löffler, Literaturen*

EVA ROSSMANN

Folio '

Die Mira-Valensky-Krimis

Ausgekocht

Gebunden mit Schutzumschlag, 262 S., ISBN 978-3-85256-251-3

„Eva Rossmann hat einen Unterhaltungskrimi geschrieben, der in ‹ nomie spielt, da wird gekocht und gemordet, was die Küche hergi'

„In dem Küchenkrimi um die Lifestyle-Journalistin Mira Valensky Spannung." *Essen und Trinken*

Karibik all inclusive

Gebunden mit Schutzumschlag, 247 S., ISBN 978-3-85256-283-4

„Ein wahrer Leckerbissen für eingefleischte Krimi-Gourmets."

„Prädikat: Mords-Vergnügen für Genießer." *Profil*

„Eva Rossmann produziert in ihrem Krimi *Karibik all inclusive* ı spannende Urlaubsgeschichte, sie liefert gleich noch ein paar ka metrezepte mit." *Der Standard*

Wein & Tod

Gebunden mit Schutzumschlag, 385 S., ISBN 978-3-85256-311-4

„Rossmanns Krimis sind sehr heutig und lesen sich extrem süff

„Eva Rossmanns neuer Krimi räumt mit der Illusion der Landi magazintauglichen, dauerfeschen Starwinzer auf." *Der Stanc*

Verschieden

Gebunden mit Schutzumschlag, 244 Seiten, ISBN 978-3-85256-345-9

„Schnörkellos kommt der Tod, und mit Frauenpower wird aı gelöst." *Kurier*

„Spannende Unterhaltung und eine strategisch eingesetzte Pr kritik ergeben eine bekömmliche Mischung." *Die Presse*